Kathrin Oxen

Worte leben

KATHRIN OXEN

Worte leben

EIN JAHRESBEGLEITER ZU DEN WOCHENSPRÜCHEN

MEDITATIONEN UND GEBETE

neukirchener

MIX
Papier | Fördert gute Waldnutzung
FSC® C018236

Bibliografische Information der Deutschen Nationalbibliothek:
Die Deutsche Nationalbibliothek verzeichnet diese Publikation in der Deutschen Nationalbibliografie; detaillierte bibliografische Daten sind im Internet über http://dnb.d-nb.de abrufbar.

2. Auflage 2025

Andreas-Bräm-Straße 18/20, 47506 Neukirchen-Vluyn, info@neukirchener-verlage.de

Umschlaggestaltung: Miriam Gamper-Brühl, www.3Kreativ.de, Essen
unter Verwendung eines Bildes © Shutterstock/maeik
Lektorat: Hauke Burgarth, Pohlheim
DTP: Burkhard Lieverkus, Wuppertal
Verwendete Schriften: Adobe Garamond, Cronos Pro
Gesamtherstellung: Drukarnia Dimograf Sp. z o.o., Bielsko-Biała
Printed in Poland
ISBN 978-3-7615-7008-1

www.neukirchener-verlage.de

Inhalt

Worte leben

Sie sollten eine Art Leitwort oder Leitbild für den Sonntag und die darauffolgende Woche sein: die Wochensprüche. Hinter ihrer Einführung im Jahr 1934 stand die Idee der sogenannten „Berneuchener Bewegung". Ihr Anliegen war es, neu bewusst zu machen, welche Schätze in der liturgischen Tradition der Kirche zu entdecken sind. Diese Bewegung war getragen von der tiefen Überzeugung, dass es gut ist, den Gottesdienst nach vertrauten und eingeübten Ordnungen zu feiern. Und sie betonte: Auch das Jahr mit seinen wiederkehrenden Abläufen hat eine tief liegende, geistliche Ordnung.

Christinnen und Christen erleben mehr als Frühling, Sommer, Herbst und Winter. Sie feiern die Geburt, das Leiden und die Auferstehung Jesu. Staunend sehen sie in den Himmel, in dem Jesus verschwindet, und erfahren seine Anwesenheit neu und überraschend anders, wenn an Pfingsten der Heilige Geist zu ihnen kommt. Wie im Leben kommen dann auch Zeiten im Jahr, in denen es keine großen Feste mehr gibt, sondern einen Alltag, der gelebt und gestaltet werden muss. Auch Saat, Wachstum und Ernte sind mehr als landwirtschaftliche Vorgänge und immer ein Grund, um zu staunen und dankbar zu werden. Wenn das Jahr sich neigt, kommt die Zeit, das Ende zu bedenken und nach der Hoffnung über das Leben hinaus zu fragen. Das Kirchenjahr ist nicht das Kalenderjahr. Es beginnt bereits, wenn das Kalenderjahr gerade zu Ende geht. Wer darin lebt, lebt damit auch ein bisschen gegen die Zeit – und bewusster in ihr.

„Die Wochensprüche wollen dazu anregen und anleiten, sich in einen Gedanken ganz tief und gründlich zu versenken", schreibt ihr Erfinder, Wilhelm Stählin. Jeder Sonntag im Kirchenjahr hat ein Thema, das sich in Liedern und Bibeltexten entfaltet. Der Wochenspruch hilft dabei, es in die Woche mit hineinzunehmen. Denn die biblischen Worte wollen nicht nur gelesen oder gehört werden, sondern gelebt. Das war in der Entstehungszeit der Wochensprüche, zu Beginn des nationalsozialistischen Regimes, von existenzieller Bedeutung. Sie waren eine Hilfe dabei, sich angesichts der Machtansprüche des Staates am Wort Gottes zu orientieren und darin einen Halt zu finden. Schon ab 1934 wurden sie auch ein fester Bestandteil der Herrnhuter

Losungen. Wie überzeugend die Idee eines Wochenspruchs damals war, lässt sich auch daran ablesen, dass es ab 1937 den von der nationalsozialistischen Propagandaleitung herausgegebenen „Wochenspruch der NSDAP" gab.

Heute, neunzig Jahre nach der Erfindung der Wochensprüche, leben wir in einer ganz anderen Welt als damals. Doch das Bedürfnis nach Halt und Orientierung ist wieder größer geworden. Die Krisen und Konflikte der vergangenen Jahre haben ihre Spuren hinterlassen. Wir leben als glaubende Menschen in dieser Welt und in dieser Zeit, aber weder weltfremd noch zeitlos. In den Auslegungen der Wochensprüche klingen immer wieder biblische Themen an, die auch unsere Themen sind: Unterdrückung und Freiheit, Krieg und Frieden, Macht und Ohnmacht. Wie lebt man als Christin und Christ in dieser Welt? Wie gehen wir getröstet und trotz allem zuversichtlich durch das Jahr und die Zeit? Die Wochensprüche sind Worte aus der Bibel, die dazu einladen, diese persönlichen Fragen gründlich zu durchdenken.

Die Auslegungen in diesem Buch können auf verschiedene Weise genutzt werden: zur Einstimmung auf den Gottesdienst am Sonntag, als persönliche geistliche Begleitung durch die Woche oder für wöchentliche Andachten zu unterschiedlichen Gelegenheiten. Ein Register der verwendeten Bibelstellen im Anhang hilft zur besseren Orientierung.

In der Bibel stehen Worte, die leben – und uns zum Leben helfen. Dass Sie diese Erfahrung mithilfe dieses Buches selbst machen, wünsche ich Ihnen von Herzen.

Ihre
Kathrin Oxen

Beleuchtet – die Advents- und Weihnachtszeit

Es ist immer noch ein besonderer Augenblick, wenn die erste Kerze am Adventskranz angezündet wird. Sie ist nur die erste von vielen, die in der Zeit vor Weihnachten leuchten. Egal, ob echt oder elektrisch: Das Bedürfnis nach Licht ist an den kürzesten Tagen des Jahres besonders groß. Wie gut, dass das Licht von Weihnachten schon in den Wochen vor dem Fest aufscheint. In der allgegenwärtigen weihnachtlichen Beleuchtung ist es gar nicht zu übersehen. Die Adventszeit ist von Erwartung und Vorfreude geprägt, von weihnachtlicher Musik und Konzerten, von Plätzchen backen und Päckchen packen, von Weihnachtsfeiern und Weihnachtsmärkten und natürlich auch vom Konsum Aber auch wenn der vorweihnachtliche Aktivismus seine Schattenseiten haben mag: Die meisten Menschen lieben diese Zeit des Jahres ganz besonders. Das Leben vor Weihnachten lebt sich in einem anderen Licht, mit einem anderen Ton und einem anderen Geschmack.

Aber auch nach Weihnachten müssen nicht alle Kerzen entschlossen ausgepustet und das große Deckenlicht wieder angemacht werden. Weihnachten ist nach Weihnachten noch lange nicht vorbei. Auch die oft besonders nüchternen Januartage sind noch davon beleuchtet. Wenn die Weihnachtsdekoration längst wieder in die Kisten verstaut ist, ist der Glanz von Weihnachten noch lange nicht erloschen. Die Sonntage nach Weihnachten und nach dem Epiphaniasfest am 6. Januar bewahren etwas von diesem Glanz auf. Und erst 40 Tage nach Weihnachten, an Lichtmess am 2. Februar, geht die Weihnachtszeit wirklich zu Ende. Und zum Glück bleibt es dann abends schon spürbar länger hell.

Erster Sonntag im Advent

> Siehe, dein König kommt zu dir, ein Gerechter und ein Helfer, arm und reitet auf einem Esel, auf einem Füllen der Eselin. (Sacharja 9,9)

Sanft

Je nach Jahreszeit ist ihr Fell glatt oder wollig. Besonders weich sind das ganze Jahr ihre Ohren. Wenn sie ihre Köpfe aus der Stalltür stecken, sieht es immer aus, als hielten sie Ausschau. Sie kommen, wenn man sie ruft. Mit ruhig atmenden Flanken drängen sie sich sanft an ihre Menschen. Sie lieben streichelnde oder striegelnde Hände auf ihrem Fell. Außerdem trockenes Brot, saftige Äpfel und Staubbäder. Sie entscheiden gern selbst, in welche Richtung sie gehen. Manche nennen das störrisch. Jeder hat seinen eigenen Platz an der Krippe. Bedächtig kauen sie dort ihr Heu. Sie sind genügsam, nicht gierig.

Jetzt, im Advent, stecke auch ich den Kopf aus der Tür und halte Ausschau nach Freude, nach guten Nachrichten. Und manchmal fühle ich mich wie eine Eselin dabei. In Jerusalem haben es die Menschen damals genauso gemacht. Sie haben Ausschau gehalten nach einer anderen Wirklichkeit. Sie waren umgeben von Schutt und Asche. Es war das Leben nach einer Katastrophe damals in Israel. Ihr Land war erobert worden von feindlichen Truppen. Streitwagen und Kriegsrosse hatten es überfallen. Alle waren vertrieben worden. Dann konnten sie zurückkehren. Aber wie eine Heimat fühlte sich das Land nicht mehr an. Und vor allem die Stadt Jerusalem, die Tochter Zion, nicht. Sie hielten dort Ausschau nach einer besseren Zukunft, in der es wieder wie früher sein würde, ihr Leben, die Stadt und die Menschen, einfach alles.

Und sie hatten einen bei sich, der konnte es sehen. Denn genau dafür braucht man Propheten. Sie sehen über den Rand der Gegenwart hinaus. Sie sehen, was noch nicht da ist. Und zwar einen König auf einem Esel. Kinder wuchsen zu dieser Zeit mit Eseln auf, kein Wunder: So sanft und wollig und mit ihren weichen Ohren eignen sie sich hervorragend als große, lebendige Kuscheltiere. Und weil sie so störrisch sein können, ist es bestimmt gut, sie schon eine Weile zu kennen, bevor man versucht, auf ihnen zu reiten. Wie ein Kind auf einem jungen Esel – so kommt der König im Bild des Propheten. Barfuß wahrscheinlich, mit einem Grashalm im Mund.

Für die Menschen in Israel, die „Tochter Zion", war das ein Gegenbild zu den Pferden mit ihren stampfenden Hufen und schnaubenden Nüstern vor den Streitwagen oder mit gepanzerten Kriegern auf ihrem Rücken. Unser König kommt anders, sagt ihnen ihr Prophet. Wie dieser Eselreiter soll unser König sein. Wir setzen auf Bescheidenheit. Wir tragen Lasten, und damit zeigen wir unsere Stärke. Wir sind genügsam auch in dürftigen Zeiten. Und wir halten störrisch wie die Esel an der Hoffnung fest, dass da etwas Neues kommt.

Später, viel später hat sich Jesus von Nazareth einen Esel ausgesucht, um in die Stadt Jerusalem zu reiten. Ein passenderes Reittier gibt es nicht für ihn. Sanftmütig ist er, genügsam, ein Gerechter und ein Helfer. Und störrisch wie der Esel, auf dem er reitet. Ich stecke den Kopf in die Welt und halte Ausschau nach ihm. Denn jetzt ist es so weit: Die Freude kommt. Und sie reitet auf einem Esel, sanft und wollig, genügsam und störrisch.

Gebet

Jesus, du König auf einem Esel,
du kommst in diese Welt, um alle Erwartungen zu enttäuschen.
Nicht die Mächtigen werden das Erdreich besitzen,
sondern die Sanftmütigen.
Lass uns daran festhalten, sanft und störrisch zugleich.

Lied

Wie soll ich dich empfangen
und wie begegn ich dir,
o aller Welt Verlangen,
o meiner Seelen Zier?
O Jesu, Jesu, setze
mir selbst die Fackel bei,
damit, was dich ergötze,
mir kund und wissend sei.

Nichts, nichts hat dich getrieben
zu mir vom Himmelszelt
als das geliebte Lieben,
damit du alle Welt
in ihren tausend Plagen
und großen Jammerlast,
die kein Mund kann aussagen,
so fest umfangen hast.

Paul Gerhardt, *Wie soll ich dich empfangen* (EG 11,1+5)

Zweiter Sonntag im Advent

Wenn aber dieses anfängt zu geschehen, dann seht auf und erhebt eure Häupter, weil sich eure Erlösung naht.
(Lukas 21,28)

Erwartungsvoll

Es gab Zeiten, in denen waren apokalyptische Vorstellungen etwas aus der Mode gekommen. Das Ende aller Dinge erwarten nur diejenigen, die sehr bedrängt sind von ihrer Gegenwart. Aber auch die vergangenen Jahre haben trotz ihrer vielen Krisen und ihrer beinahe mittelalterlich anmutenden Folge von Seuche, Krieg und Teuerung die Erwartungen auf das Ende aller Zeit nicht neu lebendig werden lassen. Dass es nur nicht noch schlimmer wird – die Zuversicht ist leise und bescheiden geworden. Und selbst diese Art von Hoffnung wurde enttäuscht. Wie kommt man damit zurecht? Meine Haltung war und ist oft nur: Augen zu und durch. Einen Schritt nach dem nächsten, einen Tag nach dem anderen bewältigen. Was noch alles kommt, weiß niemand. Und vielleicht ist es auch besser, es nicht zu wissen.

Ich bin damit gar nicht so weit von den Menschen entfernt, für die Lukas seine Jesusgeschichte schreibt. Sie leben in einer Nachkriegszeit und unter einer fremden politischen Macht. Jeder Tag ist eine Herausforderung für sie. Und wenn sie ehrlich mit sich sind, glaubt niemand von ihnen mehr, dass da noch etwas kommt, auf keinen Fall etwas Schönes. Oder jemand, von dem so viel die Rede war, Jesus, der Menschensohn, der in Kraft und Herrlichkeit kommen sollte. Sie sind müde vom Warten geworden, erwartungsmüde.

Aber jedes Jahr im Advent wird meine müde gewordene Erwartung aufgeweckt. Auf einmal gibt es ein Ziel in der Zeit, auf das ich hinleben kann: Weihnachten. Auch wenn es nicht immer so ist, dass ich Weihnachten kaum erwarten kann – die ganzen Vorbereitungen und die gut gefüllte Zeit bis zum Heiligen Abend schaffen trotzdem eine Art von Bewegung, in mir und in vielen anderen Menschen auch. Wir müssen bloß aufpassen, dass diese jahreszeitlich bedingte Erwartung nicht zu schnell zur Routine wird. Und wir den Blick nur auf das richten, was uns vor den Füßen ist und was bis zum 24. Dezember noch alles erledigt werden muss. Manchmal kommt es mir so vor, als verdecke die ganze adventliche Betriebsamkeit, dass es mit den größeren Hoffnungen und der Fähigkeit, etwas zu erwarten, nicht sehr gut bestellt ist.

An alle Erwartungsmüden am Boden der Tatsachen schreibt Lukas: Seht auf, erhebt eure Häupter. Nehmt eine Erwartungshaltung ein, die ihren Namen verdient. Den Kopf hoch, den Blick nach oben, so als würdet ihr schon nach dieser einen Wolke am Himmel suchen. Jesus kommt. Und das ist nicht nur sein Pflichtbesuch zu Weihnachten, sondern die Kraft, die die ganze Welt verändert. Macht lieber ein bisschen weniger Aufhebens um dieses und die nächsten Weihnachten. Bleibt erwartungsvoll und erhebt euch – um einer größeren Hoffnung ins Gesicht zu sehen.

Gebet

Wie schwer ist es manchmal,
noch etwas zu erwarten, Gott:
von anderen Menschen, von dieser Welt
oder vom Leben.
Lass nicht zu, dass uns die Erwartung ausgeht,
richte du uns auf, damit wir dir entgegensehen.

Lied

O klare Sonn, du schöner Stern,
dich wollten wir anschauen gern;
o Sonn, geh auf, ohn deinen Schein
in Finsternis wir alle sein.

Friedrich Spee, *O Heiland reiß die Himmel auf* (EG 7,5)

Dritter Sonntag im Advent

Bereitet dem HERRN den Weg, denn siehe, der Herr kommt gewaltig. (Jesaja 40,3.10)

Glaubwürdig

Johannes hat die Stimme in der Wüste gehört, seinem bevorzugten Aufenthaltsort. Hier einen Weg zu bereiten, hier eine Straße zu bauen, das wäre kein Problem für ihn. Johannes ist ein Mann wie ein Bulldozer. Er lebt nicht nur *in der Wüste*. Er lebt *die Wüste*, lebt mit seiner Bedürfnislosigkeit ihre Kargheit. Er kleidet sich in das, was die Wüste hergibt: Sein Gewand ist aus Kamelhaar, sein Gürtel aus Leder. Er ernährt sich hauptsächlich von Heuschrecken, seltener auch von wildem Honig. Ob er dabei gestochen wird, ist ihm wahrscheinlich egal. Außen wie innen ist Johannes kratzig und widerspenstig. Wie Kamelhaar auf der nackten Haut. So, als ob man eine Heuschrecke runterzuschlucken hätte.

Als Bußprediger ist Johannes deswegen absolut glaubwürdig. Wer so lebt wie er, karg und bedürfnislos, kann mit allem Recht Forderungen an andere Menschen stellen. Und das tut er auch: Kehrt um und ändert euer Leben! Und hört endlich auf, euch immer hin- und herzuwinden. Das tun doch nur die Ottern und die Schlangen, diese glatten Wesen.

Die Stimme, die Johannes der Täufer hört und zitiert, kommt aus einer anderen Zeit. Da lag Jerusalem in Trümmern, und das Volk Israel war im Exil. In dieser Situation brauchten sie eigentlich Trost und Zuspruch. Aber die Stimme des Propheten Jesaja erinnert das Volk Israel auf eine ungemütliche Art daran, dass sie mehr sind als die Opfer einer schwierigen politischen Lage. Sie sollen und können ihr Leben verändern, damit Gott wieder zu ihnen zurückkehren kann. Bereitet Gott den Weg – und sucht so auch für euch einen Weg. Auch wenn euch eure Lage ausweglos vorkommt: Macht es so, wie man in steinigem Gelände unterwegs ist, einen kleinen, vorsichtigen Schritt nach dem anderen. Bis ein Weg daraus wird.

Diese Stimme spricht auch aus Johannes dem Täufer. So kratzig er von außen auch wirkt, seine Antworten auf die Frage: „Was sollen wir tun?" sind überraschend sanft. Auch ihm geht es um die kleinen Schritte. Niemand muss sein Leben mit dem Bulldozer verändern. Denn es gibt doch etwas zwischen Alles oder Nichts, zwischen einem glatten Sich-Winden und der Anpassung und dem totalen Widerstand. Es gibt das wahre Leben auch im falschen, sogar viele wahre Leben im falschen. Wer zum Beispiel reich ist, muss nicht das letzte Hemd hergeben – aber eines. Wer satt ist, muss sich nicht den letzten Bissen vom Mund absparen – aber teilen. Und darauf vertrauen: Auch aus kleinen Schritten wird ein Weg.

Gebet

Barmherziger Gott,
es ist nicht leicht, sich wirklich zu verändern
und glaubwürdig zu leben,
Lass uns barmherzig sein mit uns selbst
und mit unseren Kompromissen und Halbherzigkeiten.
Aber lass uns auch nicht bleiben, wie wir sind.
Fordere du uns heraus zu einem anderen Leben.

Impuls

... und bräche nicht aus allen seinen Rändern
aus wie ein Stern: denn da ist keine Stelle,
die dich nicht sieht. Du mußt dein Leben ändern.

Rainer Maria Rilke, aus: *Archaischer Torso Apollos*

Vierter Sonntag im Advent

Freuet euch in dem Herrn allewege, und abermals sage ich:
Freuet euch!
Der Herr ist nahe!
(Philipper 4,4.5b)

Vorfreudig

Vor Freude nicht einschlafen zu können, ist ein Privileg der Kinder, wenn es nur noch ein paar Tage bis Weihnachten sind. Kribbelnde Vorfreude auf das, was am Heiligen Abend kommt, auf seine Wunder und Geheimnisse, auf die Überraschungen und Geschenke. Diese Vorfreude bricht aller elterlichen Strenge die Spitze ab. Wer vor Freude nicht einschlafen kann, den kann man nicht so konsequent, wie es gut wäre, wieder ins Bett schicken. Freude macht nun einmal wach und lebendig und setzt in Bewegung.

Wann genau hat das eigentlich aufgehört? Wenn ich als Erwachsene vor Weihnachten nicht schlafen kann, dann geschieht das nicht beim Einschlafen, sondern in den unbarmherzigen frühen Morgenstunden, durchweht von den langen Listen all dessen, was bis zum 24. noch erledigt werden muss. Und kribbeln tut höchstens noch die Anspannung, ob auch alles so wird wie geplant und erhofft. Vorfreude, überhaupt Freude zu empfinden, das lässt sich schlecht verordnen.

Und dann schreibt Paulus auch noch: „Freuet euch!“ Ich möchte das nicht mit Ausrufezeichen hören wie einen weiteren, besonders dick unterstrichenen Punkt auf meiner To-do-Liste. Was Paulus aber nicht weiter zu beeindrucken scheint, denn er schreibt es gleich noch einmal: „Freuet euch!“

Und dabei weiß ich doch, wie wenig Grund er selbst zur Freude hatte, als er das an seine Lieblingsgemeinde in Philippi schrieb. Dieser Brief ist vielleicht sein letzter. Er schreibt ihn als Gefangener und sein Schicksal ist ungewiss. Trotzdem ist er voller Freude. Weil er diese Freude nicht aus sich selbst hervorbringen muss. Sie kommt von woanders her, aus der tiefen Verbundenheit mit den Menschen in Philippi und ihren guten gemeinsamen Erfahrungen. Äußere Umstände können diese innere Freude nicht zerstören. Sie macht Paulus wach und lebendig – und sei es auch in einer Gefängniszelle. Das hilft mir, wenn ich mich in meinen ganzen vorweihnachtlichen Aktivitäten zu verfangen drohe: Ich muss die Freude nicht machen. Ich kann nur aufmerksam für sie sein und hoffen, dass sie mich aus aller Weihnachtsmüdigkeit und -routine herausreißt. Ich werde es schon merken, wenn ich vorfreudig werde, wach und lebendig.

Paulus weiß auch, dass man manche Dinge mehrmals schreiben oder sagen muss, bis sie endlich im Herzen ankommen – den anderen und vor allem sich selbst. „Freue dich", das sage ich mir. Und auch das, was Paulus gleich im nächsten Satz seines Briefes schreibt: „Sorgt euch um nichts". Denn die To-do-Listen vergehen, die Anspannung auch. Weihnachten ist schon ganz nah. Und die Freude kommt zu mir.

Gebet

Wir würden so gerne Freude machen können, Gott.
Du siehst unsere Mühe damit
und manchmal ist sie vergeblich.
Dann überrasche du uns mit einer Freude von woanders her,
mit der Freude, dass du uns entgegenkommst.
Fülle uns mit dem, was nur du uns schenken kannst.

Impuls

Willst du eine ewige Freude haben,
o hänge dem an, der ewig ist.

Augustinus

Erster (und zweiter) Sonntag nach dem Christfest

Wir sahen seine Herrlichkeit, eine Herrlichkeit als des eingeborenen Sohnes vom Vater, voller Gnade und Wahrheit.
(Johannes 1,14b)

Ausgepackt

Wünsche werden manchmal enttäuscht. Weihnachten ist alle Jahre wieder auch das Fest der Enttäuschungen. Und Kindertränen zwischen zerknülltem Geschenkpapier gehören zu diesem Fest dazu. Es war nicht dabei, was ich mir so sehr gewünscht hatte. Das, was ich wollte, habe ich nicht bekommen. Als die Geschenke noch verpackt waren, war noch alles möglich, so schön und vielversprechend sahen sie aus. Aber nach dem Auspacken war es dann weder das eine noch das andere. Ein Gefühl, das auch Erwachsene kennen wenn sie darüber auch nur in seltenen Fällen in Tränen ausbrechen.

Die Rede von der Herrlichkeit Gottes ist wie eine besonders schöne Verpackung. Sie weckt Erwartungen und beflügelt Wünsche. Die Sehnsucht, Gottes Herrlichkeit sehen zu können, erfüllt sich aber nicht. Selbst Mose, der mit Gott wie mit einem Freund reden konnte, muss sich an dem Berg in der Wüste mit dem Gesicht zu einer Felswand hinstellen, damit Gottes Herrlichkeit hinter ihm vorbeiziehen kann.

Mit dem Gesicht zur Wand: Manchmal fühlt es sich so an, als stünden wir so da in diesen Tagen. Das bisschen Glanz und Herrlichkeit von Weihnachten ist schnell vorbei, die Geschenke weggeräumt, der Tannenbaum mit ein paar Lamettafäden daran aus der Wohnung geworfen. Und es ist noch lange Januar. Was wir sehen können, ist manchmal so, dass man sich selbst die Hände vors Gesicht halten möchte. Und höchstens ein bisschen durch die Finger schauen. Es geht nicht vorbei mit dem Krieg und den Krisen vor der Haustür und in der Welt.

Wie geht es weiter? Die Frage schafft es mühelos von diesem Berg in der Wüste, an dem Mose mit dem Gesicht zur Felswand steht, bis zu uns. Die Welt sieht doch genauso aus wie vor Weihnachten. Da wurde oft gesagt, dass Gott in unsere Welt kommen würde. Und das war in einem gottverlassenen Nest am Rand des römischen Imperiums, am Rand der damals bekannten Welt, am Rand der Stadt und am Rand der Gesellschaft, in einem Stall in einer Krippe. Mit den gängigen Vorstellungen von Herrlichkeit passt das alles nicht zusammen. Wenn Gott zur Welt kommt, wird das Geschenk ausgepackt. Es ist wichtiger als seine Verpackung. Die Herrlichkeit versteckt sich unter ihrem Gegenteil: Da liegt Gott. Und ist ein Kind, in Windeln gewickelt.

Was für eine Gnade und Wahrheit für das eigene Leben: Du musst nicht nur deinen Augen trauen. Es kann sogar besser sein, sie für einen Moment zu schließen. Denn es kommt nicht darauf an, wie etwas verpackt ist. Es kann sogar sein, dass sich die Herrlichkeit vor mir versteckt, dass sie wie hinter meinem Rücken an mir vorbeizieht. Und ich sie erst im Rückblick erkenne.

Gebet

Verborgener Gott,
dich mit eigenen Augen sehen, sicher sein, dass du da bist,
das bleibt eine Sehnsucht für uns.
Zeig uns, wie wir dich finden,
wo wir dich nicht suchen,
in den Augenblicken deiner Gegenwart in unserem Leben.

Lied

Gott ist gegenwärtig.
Lasset uns anbeten
und in Ehrfurcht vor ihn treten.
Gott ist in der Mitte.
Alles in uns schweige
und sich innigst vor ihm beuge.
Wer ihn kennt,
wer ihn nennt,
schlag die Augen nieder;
kommt, ergebt euch wieder.

Mache mich einfältig,
innig, abgeschieden,
sanft und still in deinem Frieden;
mach mich reines Herzens,
dass ich deine Klarheit
schauen mag in Geist und Wahrheit;
lass mein Herz
überwärts
wie ein' Adler schweben
und in dir nur leben.

Gerhard Tersteegen, *Gott ist gegenwärtig* (EG 165,1+7)

Erster Sonntag nach Epiphanias

Welche der Geist Gottes treibt, die sind Gottes Kinder.
(Römer 8,14)

Ähnlich

Wenn die aufregenden Stunden der Geburt vorüber sind, beginnt ein zartes Forschen in dem kleinen Gesicht. Wem sieht das Kind denn nun ähnlich? Es gab Zeiten, in denen man vermutete, dies sei aus biologischen Gründen zunächst immer der Vater. Weil er, wie man sich denken kann, grundsätzlich unsicherer sein muss, ob dieses Kind wirklich sein Kind ist. Längst ist durch Studien widerlegt, dass das wirklich so ist. Aber es hat sich gezeigt: Hier ist der Wunsch der Väter auch der Vater des Gedankens. Wer davon ausgeht, dass ihm das Neugeborene ähnlichsehen muss, entdeckt selbst in dem kleinen, ganz unfertigen Gesicht schon erste Ähnlichkeiten. Und versichert sich auf dieses Weise selbst: Dies ist mein Kind. Das macht die Beziehung stärker und sogar die gemeinsame Fürsorge der Eltern für ihr Kind. Genauso sieht Gott euch an, schreibt Paulus an die Christinnen und Christen in Rom. Wie ein glücklicher, leicht überwältigter und liebender Vater sucht Gott nach Ähnlichkeiten zu sich selbst bei euch.

Es ist für Paulus sehr wichtig, dass es dabei nicht um Biologie geht. In den nächsten Abschnitten seines Briefes erläutert er es ausführlicher. Es gibt ein erwähltes Volk. Zu Israel hat Gott eine besondere Beziehung. Diesem Volk gehört Gottes erste große Liebe. Und Paulus hofft, dass es mit Gottes Liebe so ist wie mit der Liebe von Eltern zu ihren Kindern. Denn wer selbst diese Erfahrung gemacht hat, weiß: Wenn nur ein Kind da ist, dann kann sich niemand vorstellen, wie diese Liebe noch größer werden sollte. Aber wenn Geschwister dazu kommen, spüren es alle Väter und Mütter: Die Liebe wächst einfach weiter. Sie nimmt zu mit der Menge der Menschen, die man lieben kann. Und diese Liebe vergleicht auch nicht die ersten mit den weiteren Kindern. Bei menschlichen Eltern kann das manchmal vorkommen.

Auch von dieser Angst der Kinder, nicht genug geliebt zu sein, weiß Paulus. Seitenlang redet er den Menschen in Rom diese Angst aus. Er hat sie noch nie gesehen, er kennt sie gar nicht und fühlt sich ihnen trotzdem so nah, als seien sie seine Geschwister. Es geht nicht um Fleisch und Blut dabei, sondern um den Geist, der sie miteinander verbindet. Dieser Geist soll ihnen alle Angst nehmen. Zuerst die Angst, nicht gut oder nicht geliebt genug zu sein. Damit sie sicher und frei werden und mit Gott so umgehen, wie man mit Eltern umgeht, die man liebt und die einen lieben. Und wenn Gottes Blick voller Liebe auf sie fällt, dann soll er Ähnlichkeiten finden. Eine Ähnlichkeit zu Gott selbst und zu Gottes Art, Menschen zu lieben.

Gebet

Gott, dein Blick auf uns ist voller Liebe,
du schaust nicht auf unsere Mängel,
sondern auf unsere Möglichkeiten.
Gib, dass wir dir darin ähnlich werden,
wenn wir einander ansehen.
Schenke uns einen liebevollen Blick.

Lied

Liebe, die du mich erkoren,
eh ich noch geschaffen war,
Liebe, die du Mensch geboren
und mir gleich wardst ganz und gar:
Liebe, dir ergeb ich mich,
dein zu bleiben ewiglich.

Johann Scheffler, *Liebe, die du mich zum Bilde* (EG 401,2)

Zweiter Sonntag nach Epiphanias

Von seiner Fülle haben wir alle genommen Gnade um Gnade.
(Johannes 1,16)

Überfließend

Bei der Auswahl des Wochenspruchs ist man einen Vers weiter vorgerückt. Das ist ein kleiner, aber wichtiger Schritt. „Das Gesetz ist durch Mose gegeben, die Gnade und Wahrheit ist durch Jesus Christus geworden." (Johannes 1,17) Das war ein Spruch, der einschränkt und aufteilt und auch noch geeignet ist, einen Gegensatz zwischen Gottes Beziehung zu seinem Volk Israel und den ersten christlichen Gemeinschaften aufzumachen. Ein kleinlicher Gegensatz. Er entspricht nicht der Fülle von Gottes Liebe.

Wie es mit dieser Fülle ist, davon erzählt die Geschichte von der Hochzeit in Kana. Dort haben sie auf einmal ein Luxusproblem. Erst war zu wenig Wein da und dann viel zu viel. Aus Wasch- und Spülwasser ist Wein geworden, etwa 600 Liter von gehobener Qualität. Die Hochzeitsgäste haben gar nicht so viel davon gemerkt. Sie waren alle schon angeheitert oder betrunken. Und niemand weiß, ob sie einen Unterschied in der Qualität des Weins noch bemerkt haben. Ob es ihnen überhaupt bewusst ist, wer dafür verantwortlich ist, dass das Fest nicht zu Ende geht? Niemand von ihnen muss auf dem Boden der leeren Weinbecher schon wieder in sein Alltagsgesicht blicken. Dieses Fest kann ewig weitergehen. Denn Jesus ist zu Gast auf dieser Hochzeit und hat dort sein erstes Wunder getan. Und das ist ein echtes Luxuswunder.

Jesus zeigt sich. Er zeigt sich nicht zuerst den Mühseligen und Beladenen, sondern den Feiernden und Fröhlichen. Niemand ist hier krank oder einsam oder hungrig oder durstig gewesen und wird es nach Lage der Dinge auch nicht mehr werden. Denn jetzt ist die Zeit des Lachens und Tanzens. Das Lächeln der Braut, das Strahlen in den Augen des Bräutigams, das Paar beim Tanz umringt von seinen Gästen. Diese Hochzeit ist ein Fest, das den Alltag durchbricht. Ein

Moment reiner Gegenwart, der die Anstrengung der Vorbereitungen ebenso vergessen sein lässt wie das Aufräumen am Morgen danach. Ein Moment, der lebendig bleiben wird in der Erinnerung, egal was die Zukunft bringt.

Was für ein Fest! Eine Unterbrechung des Alltags, eine Erinnerung, wie das Leben sein kann, wie es manchmal auch ist abseits des Notwendigen und des Unvermeidbaren. Lachen und Tanzen erfüllen die Luft statt Weinen und Klagen. Mittendrin auf dieser Hochzeit ist Jesus, mitten in der Fülle des Lebens. Und er macht, dass die Fülle bleibt, mit diesem überflüssigen, überfließenden Wunder von dunkel leuchtendem Wein in den randvollen Krügen. Aus dieser Fülle möchte ich schöpfen, etwas davon abbekommen. Was Jesus da in Kana tut, ist wie ein Vorgeschmack auf ein Leben mit ihm. In diesem können wir großzügig wie überfließend sein, nicht nur mit dem Wein, sondern mit allem, vor allem mit der Liebe. So, wie es Gott auch ist.

Gebet

Jesus, du zeigst uns, was ein Leben in Fülle bedeutet.
Wir haben mehr zu erwarten vom Leben
als nur unseren Alltag.
Unterbrich du uns, gib du uns Zeichen,
wo ein anderes Leben beginnt,
erfüllt von deiner Nähe.

Lied

Jesu, meine Freude,
meines Herzens Weide,
Jesu, meine Zier:
ach, wie lang, ach lange
ist dem Herzen bange
und verlangt nach dir!
Gottes Lamm, mein Bräutigam,
außer dir soll mir auf Erden
nichts sonst Liebers werden.

Johann Franck, *Jesu, meine Freude* (EG 396,1)

Dritter Sonntag nach Epiphanias

> Es werden kommen von Osten und von Westen, von Norden und von Süden, die zu Tisch sitzen werden im Reich Gottes.
> (Lukas 13,29)

Gemeinsam

Osten und Westen, Norden und Süden – leider sind das nicht nur geografische Begriffe. Auch lange nach der sogenannten Wiedervereinigung ist es um die Einheit in unserem Land nicht so bestellt, wie man es sich wünschen würde. Die Unterschiede zwischen „dem Westen“ und „dem Osten“ werden regelrecht kultiviert und gegenseitige Vorurteile sorgsam gepflegt, sogar über Generationen hinweg. Auch wenn es viele positive Gegenbeispiele gibt: Von einem echten Miteinander kann nicht überall die Rede sein.

Noch dramatischer wird es, wenn man eine Aufteilung der Welt in einen globalen Norden und einen globalen Süden vornimmt. Von „Entwicklungsländern“ oder gar der „Dritten Welt“ spricht man schon lange nicht mehr. Aber die Verhältnisse haben sich trotzdem nicht wesentlich geändert. Im Norden, der gar nicht unbedingt der geografische Norden sein muss, haben Menschen viele Privilegien. Sie genießen vielfach wirtschaftlichen Erfolg, persönlichen Wohlstand und leben in politischer Freiheit. Ein Land des globalen Südens ist demgegenüber oft ein politisch, wirtschaftlich oder gesellschaftlich benachteiligter Staat. Aus dem nur zu verständlichen Wunsch nach einem besseren Leben entstehen in den Ländern des Südens Krisen und Konflikte. Menschen fliehen aus diesen schwierigen Verhältnissen. Und es ist beinahe eine Ironie der Geschichte, dass ausgerechnet das Mittelmeer heute zu einer tödlichen Grenze geworden ist. Anstatt den Norden und den Süden miteinander zu verbinden, ist dieses Meer längst zu einem Grab für Tausende namenlose Tote geworden.

Es ist schwer, die Gegensätze dieser Welt zusammenzubringen und auszuhalten, in unserem eigenen Land und erst recht in der Welt. Beliebte Urlaubsregionen liegen am Mittelmeer und entspannte Kreuzfahrten finden dort statt, während gleichzeitig Menschen in überfüllten Flüchtlingsbooten um ihr Leben kämpfen oder ihre Retter verzweifelt nach einem Hafen suchen, in dem sie die Geretteten an Land bringen können.

Dies alles soll nach Gottes Willen nicht sein. Osten und Westen, Norden und Süden sollen wieder werden, was sie eigentlich sind: geografische Angaben statt unüberwindbarer Gegensätze. Im Reich Gottes gibt es nämlich nur eine Himmelsrichtung: die nach oben. In der Verbindung mit Gott spielen die Gegensätze von Herkunft und Zugehörigkeit keine Rolle mehr. Ein großer Tisch, an dem alle Menschen gemeinsam ihren Platz haben, egal von wo sie kommen – das ist das Bild, das Lukas von Gottes Reich malt: eine neue Gemeinschaft unter einem weiten Himmel.

Gebet

Gerechter Gott,
wir leiden an den Gegensätzen dieser Welt
und leben doch auf der Seite der Satten und Sicheren.
Zeig du uns unsere Verantwortung dafür,
dass alle deine Menschen ein gutes Leben haben.
Mach uns bereit, zu verzichten und zu teilen.

Lied

Sonne der Gerechtigkeit,
gehe auf zu unsrer Zeit;
brich in deiner Kirche an,
daß die Welt es sehen kann.
Erbarm dich, Herr.

Christan David, *Sonne der Gerechtigkeit* (EG 262,1)

Letzter Sonntag nach Epiphanias

Über dir geht auf der HERR, und seine Herrlichkeit erscheint über dir. (Jesaja 60,2b)

Heller

Der Januar ist eine Zumutung. Im Dezember wurde es zwar jeden Tag ein bisschen dunkler, bis zur längsten Nacht und zum kürzesten Tag. Aber dafür gab es wenigstens Kerzen und Weihnachtsbeleuchtung und dadurch erzeugte Stimmung. Im Januar ist das alles wie ausgeblasen. Da fliegen die Weihnachtsbäume raus und die ganze Weihnachtsbeleuchtung wird abgebaut und verstaut. Es ist sehr mühselig, darauf zu warten, dass die Tage nun wirklich länger werden. Auch wenn es meteorologisch natürlich bewiesen ist, fühlt es sich nicht unbedingt danach an, dass das Licht zunimmt. Erst Ende Januar wird das auf einmal anders. Plötzlich sind die Nachmittage spürbar länger. Das Licht probiert das Hellsein aus. Und im Hof singen unbeirrt die ersten Vögel, gelenkt von ihrer beneidenswerten inneren Uhr. Vierzig Tage nach Weihnachten, am 2. Februar, ist Lichtmess. Und das Ende der dunklen Jahreszeit kommt in Sicht. Endlich wird es spürbar heller.

In Jerusalem warteten sie auch sehnsüchtig darauf, dass endlich die helleren Zeiten kämen. Die Menschen aus dem Volk Israel waren zwar aus der politischen Gefangenschaft in Babylon in ihre Heimat zurückgekehrt. Aber das Leben in der alten Heimat war überhaupt nicht so, wie sie es sich in der Zeit ihrer Gefangenschaft vorgestellt hatten. Alles um sie herum lag noch in Trümmern – und die mühselige Arbeit des Wiederaufbaus vor ihnen. Das waren nicht gerade rosige Zukunftsaussichten. Dabei war ihnen doch schon versprochen worden, dass bald eine neue, eine helle und schöne Zeit anbrechen sollte.

Dieses Versprechen wird nun erneuert. Und zwar noch einmal und viel lauter und heller als das erste Zwitschern der Vögel im zunehmenden Licht. Es ist ein überwältigendes Lied von dem Licht, das über sie alle kommen wird, mit dem ganzen Glanz und der Herrlichkeit, die sie sich nur vorstellen können. Gott wird über ihnen aufgehen wie eine Sonne. Leuchtend hell und schön wird das sein, ein großer Sonnenaufgang, der alle vergangenen und gegenwärtigen Dunkelheiten überstrahlt.

Wie hält man die Dunkelheiten der Welt und des eigenen Lebens aus? Wie geht man mit den enttäuschten Hoffnungen um und dem, von dem man sich nicht vorstellen kann, wie es je wieder in Ordnung kommen soll? An solchen Dunkelheiten führt wohl kein Weg vorbei. Aber es führt einer hindurch: Es wird nicht für immer so dunkel bleiben. Diese Hoffnung ist klein, gefiedert und zäh. Sie überwintert wie ein Vogel im Hinterhof meines Herzens. Und wenn es so weit ist, beginnt sie ihren großen Gesang auf das Licht.

Gebet

Jesus Christus, du sagst:
„Ich bin das Licht der Welt."
Wenn uns die Dunkelheiten der Welt und des Lebens überwältigen,
dann halten wir uns daran fest:
Es wird heller in unserer Seele,
wenn du bei uns bist.

Lied

O Jesu Christe, wahres Licht,
erleuchte, die dich kennen nicht,
und bringe sie zu deiner Herd,
dass ihre Seel auch selig werd.

Johann Heermann, *O Jesu Christe, wahres Licht* (EG 72,1)

Dazwischen – die Sonntage vor der Passionszeit

Es gibt sie, die Zeiten dazwischen, ohne besonderen Glanz, ein bisschen grau und unbestimmt. Die Sonntage vor der Passionszeit sind so eine Zwischenzeit. Sie sind wie eine Lücke im Kalender, in die man nicht recht etwas eintragen mag. Die Weihnachtszeit ist jetzt endgültig vorbei, aber die Passionszeit hat noch nicht begonnen. Auch das Jahr kommt noch nicht richtig in Gang. Einige Wochen bleibt alles inklusive des Wetters auf dem Level einer mittleren Erträglichkeit.

Was keiner sieht: Eigentlich ist diese Zwischenzeit eine Zeit des Wachstums. Unter der Erde liegen Körner, die für ihre Entwicklung diese Ruhezeit brauchen. Manchmal ist sogar schon Grün in den Furchen zu sehen. Es braucht aber auch die Winterruhe. Und an den Bäumen sind natürlich schon die Knospen angelegt.

Zwischenzeiten, in denen nichts passiert, muss niemand fürchten. Die Zeit, in der das Jahr und das Leben gerade keine Höhepunkte, aber auch keine Tiefschläge haben, ist Zeit, um unter die Oberfläche zu schauen: Was klingt noch nach, was kommt neu auf mich zu? Und was will wachsen, was ist schon angelegt?

Worum es in den Zwischenzeiten geht, ist Vertrauen. Und vielleicht ist das sogar eine Definition von Vertrauen: Glauben, dass etwas geschieht, auch wenn gerade nichts passiert. Dieses Vertrauen bezieht sich auf die eigenen Kräfte und Möglichkeiten, aber auch auf die Kräfte und Möglichkeiten Gottes. Es gibt Zeiten im Jahr und im Leben, in denen es nur um dieses Vertrauen geht. Um das Nachsehen, was da ist. Das Überdenken, was kommen kann. Und so können wir gut durch die Zwischenzeiten kommen.

Fünfter Sonntag vor der Passionszeit

Der Herr wird ans Licht bringen, was im Finstern verborgen ist, und das Trachten der Herzen offenbar machen.
(1. Korinther 4,5b)

Treu

Ein Diener will er sein. Und ein Haushalter über die Geheimnisse Gottes. Wie man die Geheimnisse Gottes verwaltet, darauf geht Paulus nicht weiter ein. Ein merkwürdiger Gegensatz ist das: Betont sachlich spricht Paulus von dem, was das Geheimnis des Glaubens ist und bleibt. Wie in den Herzen der Menschen der Glaube entsteht, wie sie zum Glauben an Christus kommen, das war für ihn damals in der Gemeinde von Korinth ein Geheimnis. Und das ist es bis heute. Paulus warnt davor, sich bei diesem geheimnisvollen Vorgang zwischen Gott und einen Menschen zu stellen. Alle, die sich berufen fühlen, die Botschaft von Gottes Liebe weiterzusagen, müssen sich selbst immer wieder zurücknehmen und sich prüfen. Wofür tue ich das, was ist meine Rolle in diesem Geschehen, das ich selbst gar nicht machen kann?

Einer pflanzt und einer gießt, beide sind gleich wichtig – aber das Gedeihen der zarten Pflanze des Glaubens ermöglicht Gott. Mit diesem gärtnerischen Beispiel hat Paulus verdeutlicht, wie er seine Rolle in der Gemeinde versteht. Er ist nicht besonders gut angekommen damit. Es gab offenbar andere, die gaben weitaus spektakulärere Wachstumsversprechen und hatten damit großen Erfolg in der Gemeinde. Sie sonnten sich in ihren missionarischen Erfolgen und Paulus geriet neben ihnen in den Schatten.

Es ist bemerkenswert, mit welcher inneren Sicherheit Paulus der Versuchung widersteht, sich an den Erfolgen der anderen zu messen. Es kommt nicht darauf an, was die anderen über mich sagen. Ich habe verstanden, dass es nicht zuerst um mich geht, sondern um das, was Gott durch mich bewirken kann. Und es ist auch möglich, dass ich die Ernte dessen, was ich jetzt arbeite, gar nicht zu Gesicht bekommen werde. Paulus bleibt sich selbst treu, indem er sich zurücknimmt. Und er bleibt Gott treu, indem er seine Rolle annimmt: ein Diener und ein Haushalter zu sein. Einer, dem etwas anvertraut ist, aber dem nichts für sich selbst gehört. Prüft euch selbst, in welcher Haltung ihr euch engagiert. Worum geht es euch? Um Erfolge, die ihr euch selbst zuschreiben könnt? Oder seid ihr bereit für all die mühsame Arbeit, die keiner so richtig sieht, und die manchmal so vergeblich wirken kann?

Einmal wird es an Licht kommen, was wirklich Frucht gebracht hat. So wie man nach der sorgfältigen Aussaat und der mühsamen Pflege irgendwann die Ernte sieht. Manchmal erblickt man sie nicht mehr mit eigenen Augen, aber im Vertrauen darauf, dass das eigene Tun nicht fruchtlos geblieben sein wird.

Gebet

Etwas bewirken im Leben,
eine Spur hinterlassen,
Gott, wenn wir ehrlich sind zu uns selbst,
dann wünschen wir uns das.
Wir bitten dich: Gib uns bei all unserem Tun
auch die Kraft, zu ertragen,
wenn etwas vergeblich war oder nicht gelungen ist.
Schenke uns Geduld und einen langen Atem.

Impuls

… reifen wie der Baum, der seine Säfte nicht drängt und getrost in den Stürmen des Frühlings steht ohne die Angst, daß dahinter kein Sommer kommen könnte. Er kommt doch. Aber er kommt nur zu den Geduldigen, die da sind, als ob die Ewigkeit vor ihnen läge, so sorglos still und weit. Ich lerne es täglich, lerne es unter Schmerzen, denen ich dankbar bin: Geduld ist alles.

Rainer Maria Rilke, aus: *Briefe an einen jungen Dichter*

Vierter Sonntag vor der Passionszeit

Kommt her und sehet an die Werke Gottes,
der so wunderbar ist in seinem Tun an den Menschenkindern.
(Psalm 66,5)

Wasserscheu

Es ist das Gegenteil von dem, was sie kennen: Die Menschen in Israel bewohnen eine nicht gerade wasserreiche Region. Es gibt zwar mit dem Jordan einen großen Fluss, doch selbst der ist weder reißend noch unüberwindbar, wie man es von einigen Flüssen in anderen Teilen der Erde kennt. Auch zum Mittelmeer leben die Menschen in Israel in einer merkwürdigen Nicht-Beziehung. Nach großen Hafenstädten oder gar einschlägiger Erfahrung in der Seefahrt sucht man unter ihnen vergeblich. Sie scheinen ein bisschen wasserscheu zu sein.

Von Anfang an durchziehen Geschichten von großen und oft bedrohlichen Wasserfluten die Bibel. Ganz am Anfang, in der Schöpfungsgeschichte, trennt Gott als Erstes die Wasser voneinander und grenzt die trockene Erde vom Wasser ab. Die Sintflut-Geschichte ist die Erzählung von einer riesigen Überschwemmung, durch die Gott alles Leben wieder vernichten will – bis auf die Passagiere der Arche, die sich aus all dem Wasser retten können. Durch das Wasser des Roten Meers, wundersam geteilt von Mose, zieht das Volk Israel aus Ägypten in die Freiheit, während seine Verfolger darin ertrinken müssen. Und höchst unwillig besteigt der Prophet Jona als letzten Ausweg ein Schiff, um dann am Tiefpunkt seiner Geschichte mit Gott über Bord geworfen zu werden und auch noch im Bauch eines Fisches zu landen.

Gleichzeitig ist Wasser auch ein Bild für die Lebenskraft und Fülle, die von Gott kommen. Die grünen Auen und das frische Wasser im 23. Psalm sind die bekanntesten Bilder dafür. Daran, wie Gott die Wasser beherrscht und sich zunutze macht, drückt sich göttliche Kraft und Lebendigkeit aus. Wasserscheu sind sie in Israel deswegen nicht nur vor dem Element an sich. Sondern ein bisschen auch vor Gott selbst.

Später wird auch Jesus am und sogar auf dem Wasser seine Vollmacht zeigen: Auf den grünen Weiden am frischen Wasser lagert sich das Volk und wird von fünf Broten und zwei Fischen satt. Und während eines Sturms auf dem gar nicht so großen See Genezareth zeigt sich, dass Jesus sogar der Wind und die Wellen gehorchen. Wasserscheu kann man auch in wasserreichen Gegenden sein. Vielleicht wird man es gerade dort. Auch heute werden Menschen in vielen Gegenden der Welt durch Überschwemmungen und Fluten bedroht. Sie erleben die einschüchternde Kraft dieses Elements. Doch nicht nur Chaos und Zerstörung kommen aus dem Wasser, sondern auch die Erfahrungen von Schutz und Rettung. Wasserscheu kann man sein. Aber dem gegenüber steht ein Vertrauen zu Gott, das trägt.

Gebet

Du bist die Quelle des Lebens, Gott,
du hast uns geschaffen am Anfang.
Du bist die Quelle der Kraft, Gott,
du schaffst uns jeden Tag neu,
du erfrischst und belebst uns.
Daraus entspringt unser Vertrauen zu dir.
Wie ein Strom fließt es durch unser Leben.

Lied

Gott, Vater Sohn und Heilger Geist,
o Segensbrunn, der ewig fließt:
durchfließ Herz, Sinn und Wandel wohl,
mach uns deins Lobs und Segens voll.

Gerhard Tersteegen, *Brunn alles Heils* (EG 140,5)

Septuagesimä (70 Tage vor Ostern)

Wir liegen vor dir mit unserm Gebet und vertrauen nicht auf unsere Gerechtigkeit, sondern auf deine große Barmherzigkeit. (Daniel 9,18b)

Unberechenbar

Es gibt Geschichten aus der Bibel, mit denen man ein Leben lang nicht fertig wird. Die Geschichte von den Arbeitern im Weinberg ist so eine. Jesus erzählt darin von einer großen Ungerechtigkeit. Es werden Arbeiter gesucht und ein Tageslohn ausgemacht. Aber am Ende gibt es dann für alle den gleichen Lohn, egal ob sie einen ganzen Tag in der Hitze gearbeitet haben oder nur eine Stunde in der schon viel angenehmeren abendlichen Kühle.

Die Letzten werden die Ersten sein und die Ersten die Letzten. Dieser Satz rahmt die Geschichte. Er ist eine Ankündigung und ein Fazit. Und die Antwort, die du bekommen wirst, wenn du dich fragst, ob und wie es sich lohnen könnte, Jesus nachzufolgen. Mit unseren Vorstellungen von Gerechtigkeit hat das nur wenig zu tun. In dieser Geschichte bekommen nicht alle, was sie verdienen. Aber alle bekommen, was sie brauchen.

Jesus hat diese Geschichte erzählt, als er schon eine Weile mit seinen Freunden unterwegs war. Es stellt sich heraus, dass einige von ihnen, mindestens Petrus, wohl darauf gehofft haben, irgendwann eine besondere Belohnung dafür zu bekommen, dass sie alles hinter sich gelassen hatten und Jesus gefolgt waren. Und wenn schon nicht sofort, dann wenigstens später. Vielleicht sogar erst im Himmel. Aber irgendwie musste es sich doch lohnen, irgendwie berechenbar sein, denn alles andere wäre ungerecht.

Als Jesu Freunde die Geschichte gehört hatten, war es auf einmal ganz still. Diesmal war es keine Antwort von Jesus, die sie verstummen ließ, sondern eine Frage: Siehst du scheel drein, weil ich so gütig bin?

Und dann sehen sich seine Freunde an mit ihrer heimlichen Rangordnung und ihrer Reihenfolge, die sie wortlos untereinander ausgemacht hatten. Die, die Jesus zuerst am Ufer dieses Sees angesprochen hatte. Und die anderen, die erst später dazu gekommen waren. Und da merkten sie: Diese stumme Ordnung unter ihnen, all das Messen und Zählen und Berechnen, hat nichts mit Jesus zu tun. Es interessiert ihn einfach nicht. Weil er unberechenbar ist. Hört auf zu rechnen und zu vergleichen, sagt er.

Wenn ihr mit mir gehen wollt, dann geht mit mir. Lasst alle Ordnungen hinter euch, die ihr kennt, die äußeren und die inneren. Freut euch an dem Weg, den wir gemeinsam gehen, und an der Zeit, die ihr mit mir verbringt. Vom Morgen bis zum Abend bei mir zu sein, darauf kommt es an. Wir schaffen es doch auch durch die Stunden der Mittagshitze. Und wer nur ein kurzes Stück des Weges bei mir war, der hatte zwar weniger Last, aber er hatte auch weniger von mir. Mit eurer Gerechtigkeit hat das nichts zu tun. Aber mit meiner Barmherzigkeit.

Gebet

Gütiger Gott,
wir haben uns doch schon daran gewöhnt,
dass die Ersten alles bekommen
und die Letzten nicht hinterherkommen.
Oft finden wir uns ab mit der traurigen Ordnung der Welt.
Aber deine Güte stellt die Welt auf den Kopf.
Nimm uns die Angst, zu kurz zu kommen,
und lass uns aufhören zu rechnen.

Impuls

Güte ist, wie alle so genannten Tugenden,
nicht etwas Vorhandenes, blind Wirkendes,
sondern angewandtes eigenes Erleben auf fremde Dürftigkeit.

Rainer Maria Rilke

Sexagesimä (60 Tage vor Ostern)

Heute, wenn ihr seine Stimme hört, so verstockt eure Herzen nicht. (Hebräer 3,15)

Verbittert

Jeder Weg kann zu einer Durststrecke werden. Und es gibt Tage, da steht dies plötzlich wie eine Felswand vor dir. Das Volk Israel hat das erlebt. Sie flohen mit ihrem Anführer Mose aus der Sklaverei in Ägypten und entkamen durch das Meer ihren Verfolgern. In der Wüste ist Gott bei ihnen und gibt ihnen zu essen, als sie hungrig sind. Aber wenig später werden sie natürlich durstig und beginnen, zu hadern und zu murren. Erst einmal mit Mose, aber eigentlich mit Gott. Ihr Vertrauen zu Gott scheint noch schneller verdunstet zu sein als ihre Wasservorräte. Es sieht so aus, als sei von den guten Erfahrungen mit Gott nichts übriggeblieben. Und natürlich stellen sie die Frage nach dem „Warum?" Dabei geschieht sofort das nächste Wunder, und aus einem Felsen beginnt Wasser zu fließen, mitten in der Wüste.

Die Beziehung zu Gott ist die Entscheidung für einen gemeinsamen Weg. Wenn es dann nicht so läuft, wie man es sich vorgestellt hat, wenn die Wüstenzeiten kommen und die Durststrecken, dann stellt sich sehr schnell die Frage: „Warum?" Dieses aufwallende Gefühl kann man wie alle Gefühle schwer unterdrücken. Es lässt sich kaum vermeiden, dass das Herz davon verstockt und verbittert wird, könnte man denken. Nur ist in der biblischen Vorstellung das Herz gar nicht der Sitz des Gefühls. Es ist ganz im Gegenteil der Ort für das, was wir in unserer Tradition eher dem Kopf zuweisen würden: der Sitz des Verstandes und des Willens.

Ein kühles Herz, einen kühlen Kopf sollen die Israeliten behalten, auch durstig mitten in der Wüste. Und einmal kurz innehalten, bevor sie zu hadern und zu murren beginnen. Sie sollen zurückblicken auf alles, was schon an guten Erfahrungen mit Gott hinter ihnen liegt. Sich an die große Befreiung erinnern, an die Rettung, an Nahrung und Bewahrung.

Gott selbst ist verbittert über ihr fehlendes Vertrauen: „Es sind Leute, deren Herz immer den Irrweg will und die meine Wege nicht lernen wollen." (Psalm 95,10)

Es geht in der Beziehung zu Gott nicht nur um Gefühle. Es geht auch um Wollen und Verstehen, so wie in jeder guten Beziehung. Jeder einzelne Tag ist ein Stück des gemeinsamen Weges mit Gott und eine Chance für eine neue, gute Erfahrung. So wie das Volk Israel das Manna jeden Morgen aufs Neue in der Wüste aufgesammelt hat. Sie hatten nicht die Möglichkeit, einen Vorrat davon anzulegen, aber sie wurden satt von ihrem Vertrauen. An jedem einzelnen Tag ihrer Wanderung.

Gebet

Du, Gott, mit uns unterwegs,
wenn die Umwege kommen und die Durststrecken,
wenn uns der Mut verlässt,
dann lass uns auch sehen,
wo die Rettung war
und wo es weitergegangen ist.
Damit wir jeden Tag aus deiner Kraft leben,
im Vertrauen auf die Zukunft, die du für uns bereit hast.

Lied

Sie haben seine Treu erfahren,
da sie noch fremd und wenig waren;
sie zogen unter Gottes Hand
von einem Land zum andern Land.
Er schützte und bewahrte sie,
und seine Huld verließ sie nie.

Johannes Stapfer, *Nun danket Gott, erhebt und preiset* (EG 290,4)

Estomihi

Seht, wir gehen hinauf nach Jerusalem, und es wird alles vollendet werden, was geschrieben ist durch die Propheten von dem Menschensohn.
(Lukas 18,31)

Unterwegs

Am Morgen brechen sie auf. Der erste große Aufbruch liegt schon eine Weile hinter ihnen. Sie haben sich an das Unterwegssein mit Jesus gewöhnt. Aber auf einmal kommt Unruhe in ihr fragloses Unterwegssein. Jesus ruft sie noch einmal zusammen: Bald wird es vorbei sein. Nicht die nächste, aber schon die übernächste Stadt ist das Ziel und dort soll es geschehen. Er wird sterben. Vorher verspottet, misshandelt, angespuckt, dann getötet. Doch das ist nicht das Ende.

Aber das hören sie schon nicht mehr. Lasst uns gehen, sagt dann einer. Auf dem Weg schweigen sie, wie meistens. Aber heute ist es ein anderes Schweigen. Bald werden sie in der Stadt sein. Etwas abseits sehen sie einen Blinden am Straßenrand sitzen.

Ich sehe Jesus und seine Jünger unterwegs auf dieser Straße, und ich sehe den Blinden am Straßenrand. Dazwischen sehe ich mich. Wie von zwei Seiten kommt diese Geschichte auf mich zu.

„Ich möcht', dass einer mit mir geht", sangen wir im Konfirmandenunterricht. Und wir waren alle noch ziemlich sicher, dass es so ist. Gott geht mit mir. Jesus ist der Weg und die Wahrheit und das Leben. So ging ich eine ganze Zeit. Und dann bin ich mir irgendwann im Leben selbst begegnet. Ich sah mich da sitzen am Straßenrand. Und ich konnte mir nicht vorstellen, dass es noch eine Straße gibt, die irgendwo hinführt. Ich war wie blind.

Es gibt Dinge, die keinen Sinn haben und denen man auch keinen Sinn geben kann, egal wie sehr man es versucht. Dem Leiden einen Sinn abgewinnen heißt auf Gebildet „Kontingenzbewältigung". Manche sagen, deswegen gebe es überhaupt Religionen. Ich glaube das aber nicht. Weil die Frage, wie Gott und das Leid zusammenhängen, alles noch schwerer macht. Weil es manchmal viel einfacher wäre, wenn ich nicht alles, was mir passiert, mit Gott zusammenbringen müsste. Auch die Jünger, die jeden Tag mit Jesus zusammenwaren, wollten damals von seinem Leiden nichts wissen. Sie wollten einfach weitergehen in ihrer fraglosen Sicherheit. Und sie wollten auch nicht bei dem Blinden stehenbleiben.

Diese Geschichte kommt auf mich zu. Und Jesus bleibt vor mir stehen, am Straßenrand. *Was willst du, dass ich für dich tun soll?* fragt er. Auf diese Frage hat jeder Mensch seine eigene Antwort. Und wie sehr wünsche ich mir manchmal, dass mir jemand diese Frage stellte. Damit ich den Weg wieder sehen kann.

Gebet

Jesus, du gehst mit uns durchs Leben.
Lass uns das auf den mühsamen Strecken nicht vergessen.
Du kennst das doch auch,
du bist sie selbst gegangen,
diese Wege, die man nicht gehen will.
Mit dir an der Seite sind wir nicht allein.

Lied

Jesu, geh voran
auf der Lebensbahn!
Und wir wollen nicht verweilen,
dir getreulich nachzueilen;
führ uns an der Hand
bis ins Vaterland.

Nikolaus Ludwig Graf von Zinzendorf, *Jesu geh voran* (EG 391,1)

Vertieft – die Passionszeit

Leiden ist eine intensive Form von Leben. Und damit wird das Leiden nicht verharmlost oder schöngeredet, sondern als das verstanden, was es ist: ein Teil des Lebens, Erfahrungen, die sich niemand wünscht, aber die trotzdem jede und jeder machen muss. In den Wochen der Passionszeit begleiten wir Jesus auf einem Weg, der ihn hinein in das Leiden und am Ende zu seinem Tod führt. Wie seine Freunde, die mit ihm unterwegs sind, spüren wir es: Da kommt etwas unausweichlich auf Jesus zu. Etwas, vor dem Jesus nicht ausweichen will, obwohl er es könnte. „Muss“ ist ein Wort, das in diesen Wochen häufig gebraucht wird. Es muss sein, auch dieses Leiden.

Und alles, was mit Jesus passiert, geschieht, damit kein Mensch sich mit schweren Erfahrungen allein fühlt. Unsicher, einsam, verzweifelt und voller Angst ist Jesus auch gewesen. Er geht nicht ungerührt durch sein Leiden. Dass und wie alles am Ende gut ausgehen wird, dass Leiden und Tod nicht das letzte sein werden, was von Jesus zu berichten ist, das weiß er nicht, während er sein Leiden erlebt. Dazu gehören auch die Schwäche und Unfähigkeit der anderen, mit dem Leiden umzugehen, bis hin zur Verleugnung und in der Erfahrung, dass seine Freunde ihn ausgerechnet dann im Stich lassen, als er sie am meisten braucht.

Das Leiden nicht ausblenden oder verdrängen, es an sich herankommen lassen – in den Wochen der Passionszeit ist das möglich. Im Leiden und Sterben von Jesus spiegeln sich eigene leidvolle Erfahrungen, aber auch das viele sinnlose Leiden in der Welt, die Feigheit, der Verrat, die Willkür und Gewalt, der so viele Menschen ausgeliefert sind.

Invokavit

Dazu ist erschienen der Sohn Gottes,
dass er die Werke des Teufels zerstöre.
(1. Johannes 3,8b)

Versucht

Das Wasser auf seiner Stirn ist längst schon wieder getrocknet. Aus dem Fluss steigen, das Haar nass, die Kleider kühl auf der Haut, der Himmel über ihm offen – viel länger als vierzig Tage scheint das her zu sein. Nach seiner Taufe kommt für Jesus die Wüste mit ihrem Sand und ihren Steinen, eine eintönige Ebene. Da gibt es nichts, was das Auge oder die Gedanken ablenkt. Dorthin zieht sich Jesus zurück, vierzig Tage lang, mit sich allein und ohne etwas zu essen. So lange, bis sich alles in ihm zusammenzieht auf die eine, leere Stelle. Das könnte sein leerer Magen sein. Oder etwas ganz anderes.

In einem bestimmten Licht, meistens abends, wenn der Hunger richtig schlimm wird, sehen die flachen, runden Wüstensteine wie kleine Brote aus. Und jetzt ist die Versuchung bei Jesus. Sie sagt: „Wenn du Gottes Sohn bist, dann müsstest du doch auch aus Steinen Brot machen können." Zu dieser Versuchung sagt Jesus: „Der Mensch lebt nicht vom Brot allein, sondern von einem jeden Wort, das aus dem Mund Gottes geht." Versorgt ist man erst, wenn nicht nur der Magen satt ist, sondern auch die Seele.

Die Versuchung sagt noch andere Sachen dort in der Wüste. Sie geht mit Jesus auf das Dach des Tempels und sagt: „Spring! Dir kann doch nichts passieren. Du gehörst doch so sicher zu Gott." Diese Versicherung ist eine Versuchung. Später wird Jesus wissen: Du kannst sogar Gottes Sohn sein und trotzdem ganz unten ankommen und nicht weich aufgefangen werden, sondern leiden und sterben. Denn der Weg, den Jesus geht, der beginnt in einer Wüste und er endet am Kreuz.

Die Versuchung probiert es noch einmal. Sie stellt Jesus auf einen Berg. Er kann die ganze Welt von dort sehen. „All das kannst du bekommen, sagt die Versuchung, ich gebe dir alles, was du dafür brauchst." Vermögen, Macht ist eine Versuchung. Jesus lehnt Macht und Vermögen ab. Er betet nicht an, was leicht zu einem anderen Gott werden kann. Er sagt: „Du sollst anbeten den Herrn, deinen Gott, und ihm allein dienen."

Es gibt Wüstenzeiten, die man aushalten muss, ohne den Versuchungen von Versorgung, Versicherung und Vermögen zu erliegen. Glücklich sind, die merken, dass es ihre Seele ist, die Hunger hat. Glücklich sind, die wissen, dass das Leiden auch zu Menschen kommen kann, die sich an Gott halten. Und glücklich sind, die frei werden von dem Glauben, dass Macht und Vermögen die einzig wichtigen Dinge im Leben sind.

Gebet

Gott, unser Vater,
„führe uns nicht in Versuchung", das beten wir oft.
Aber es ist ja nicht so, als könnten wir nichts dafür,
dass es sie gibt und wir ihr erliegen.
Du gibst uns auch die Kraft,
den Versuchungen zu widerstehen
und unser Leben an deinem Willen auszurichten.
Lass uns klar und bestimmt leben.

Impuls

Das „Führe uns nicht in Versuchung" sollen wir nicht bloß beten,
wir sollten auch trachten, uns ihr nach unseren Kräften zu entziehen.

Emmy von Rothenfels

Reminiszere

Gott aber erweist seine Liebe zu uns darin, dass Christus für uns gestorben ist, als wir noch Sünder waren.
(Römer 5,8)

Gerechtfertigt

Die Erinnerung an das Leiden und Sterben von Jesus prägt die Zeit vor Ostern. Keine leichte und schöne Erinnerung. Und noch schwieriger wird es, wenn die beiden kleinen Worte „für uns“ dazu kommen. Die Vorstellung, dass dieser Tod am Kreuz etwas mit uns zu tun haben soll, ist nicht einfach nachzuvollziehen, und es nützt niemandem etwas, wenn sie eine leere Formel aus der christlichen Tradition heraus bleibt. „Für uns“ oder gar „für mich“ gestorben? Ich wurde ja überhaupt nicht gefragt, ob ich das will, dass jemand für mich leidet und stirbt. Mit dem Gedanken eines stellvertretenden Todes oder eines Opfers ist es schwer, Menschen für den christlichen Glauben zu interessieren oder sogar zu begeistern. Es gab schon Zeiten, da wurde von Theologen öffentlich gefordert, sich von dieser Vorstellung einfach zu verabschieden und lieber die revolutionäre Kraft Jesu zu betonen, die ethische Orientierung, die er geben kann oder seine Menschenfreundlichkeit.

Paulus möchte unmissverständlich klarmachen, dass Gottes Liebe allem menschlichen Tun oder Lassen vorausgeht. Diese Liebe will die gleichen Erfahrungen machen, die Menschen auch machen, die schönen, aber auch die schweren. Es soll keine Wege geben, die Gott nicht mit seinen Menschen geht. Davon erzählen die Geschichten von den endlosen Wanderungen durch die Wüste bis in das gelobte Land. Das waren keine Spaziergänge, sondern manchmal Irrwege und Durststrecken. Es gab heftige Krisen. Aber Gott war immer dabei. Gottes Name ist „Ich bin da“, nicht „Ich bin dann mal weg“. Und wo das Volk Israel dieses Vertrauen zu verlieren droht, gibt es immer wieder Zeichen und Wunder.

Diese Liebe Gottes nennt Martin Luther später, nach sehr genauer Lektüre des Römerbriefs, „Rechtfertigung". Sie ist vor allem Tun und Lassen der Menschen da und auch trotz ihrer Fehler und Irrtümer. Es ist eine Liebe, die alle Unsicherheit und Angst wegnimmt. Und die alle Versuche, selbst etwas für eine gute Beziehung zu Gott zu tun, unnötig werden lässt. Dass jemand etwas für mich tut, unverlangt und ohne eine Gegenleistung zu erwarten, ist ungewohnt. Vielleicht kommen daher die großen Schwierigkeiten mit den beiden kleinen Worten „für uns". Diese kleinen Worte haben eine revolutionäre Kraft. Sie geben Orientierung. Und sie sind unendlich menschenfreundlich. Denn sie machen Schluss mit allen Versuchen von verzweifelter Selbstrechtfertigung und diesem einsamen Vertrauen nur in sich selbst. Erinnere dich: Niemand verlangt von dir, dass du immer allein zurechtkommen musst. Am wenigsten Gott.

Gebet

Liebender Gott,
es ist nicht leicht, ihn sich einzugestehen,
diesen Wunsch, geliebt zu werden, so, wie man ist.
Dass wir nichts tun können oder tun müssen
für die Liebe, die du uns schenkst,
ist kaum zu fassen für uns.
Lass es uns glauben.
Dass wir dir recht sind,
das macht uns frei.

Impuls

Lieben ist […] ein erhabener Anlaß für den einzelnen, zu reifen, in sich etwas zu werden, Welt zu werden für sich um eines anderen willen, es ist ein großer unbescheidener Anspruch an ihn, etwas, was ihn auserwählt und zu Weitem beruft.

Rainer Maria Rilke, aus: *Briefe an einen jungen Dichter*

Okuli

> Wer die Hand an den Pflug legt und sieht zurück,
> der ist nicht geschickt für das Reich Gottes.
> (Lukas 9,62)

Geradeaus

Schon eine ganze Weile sind sie mit Jesus unterwegs. Sie erleben jeden Tag mit, was er sagt und was er tut. Ein gutes Gefühl, so an seiner Seite zu sein. In den letzten Tagen hat sich allerdings etwas verändert. Wenn sie vorher ohne klar benanntes Ziel durch die Dörfer und Städte gezogen waren, so hat Jesus ihnen jetzt ein Ziel gesagt: Jerusalem. Ein Ziel ist ein Ziel. Gut für uns, denken die einen, die Mutigen. Das kann uns ja nur beflügeln. Ein Ziel ist ein Ende, denken die anderen, die Ängstlichen. Das lässt uns zögern. Ihren Mut und ihre Angst finden sie wieder in den Fragen der Menschen, die sich ihnen nun noch anschließen wollen. Und jetzt fragen auch sie sich auf einmal: Was habe ich hinter mir gelassen? Fühlt es sich richtig an? Ist es gut? Die Antworten von Jesus gelten auch denjenigen, die schon länger dabei sind. Denn solche Fragen stellt man sich meistens erst später.

Das sind meine Bedingungen, wenn ihr mit mir kommt, sagt Jesus. Ihr werdet nichts haben, wo ihr euch hinlegen könnt. Denn wir sind nicht sesshaft. Wir richten uns nirgends für immer ein. Und selbst das Schwerste, der Tod eines nahen Menschen, darf euch nicht abhalten, mir nachzufolgen. Denn die Toten sind tot. Mit Tränen in den Augen hören sie das. Und so weh es tut: Sie wissen, dass es wahr ist. Die Toten sind tot. Aber für alle, die leben, geht das Leben weiter.

Niemand kann sein Leben leben, wenn er sich immer wieder nach hinten umdreht. Im Leben habt ihr manchmal zu ackern, sagt Jesus ihnen. Ich weiß es. Aber ihr müsst nach vorne sehen dabei. Denn sonst wird alles krumm und schief. Das Leben zieht euch sonst nur mit. Wenn ihr immer zurückblickt, dann wendet sich alle Kraft gegen euch. Schlimmstenfalls reißt es euch die Füße weg und ihr werdet nur noch hinterhergeschleift. Das kann passieren, wenn ihr weggeht, wenn ihr euch verabschiedet oder trennt und doch mit halbem Herzen dableibt. Irgendwann müsst ihr wirklich neu anfangen und geradeaus leben. Damit ihr Spuren hinterlassen könnt.

Den Mutigen muss Jesus das genauso sagen wie den Ängstlichen. Denn ob mutig oder ängstlich, sie fürchten alle das Gleiche. Dass die anderen sagen: Wie rücksichtlos von dir. Oder sie es von sich selbst denken, wenn sie den Schmerz in den Augen der anderen sehen. Und trotzdem: Jetzt ist die Zeit, zu pflügen und das Alte aufzubrechen. Und selbst aufzubrechen in das, was kommt. Mutig oder ängstlich, aber geradeaus.

Gebet

Jesus, zeig du uns, wie man das macht:
Nicht immer zurückblicken,
sich nicht festhalten an der Vergangenheit.
Zeig uns, wie wir die Richtung finden für unser Leben,
und gib uns die Kraft, nach vorne zu blicken,
damit wir aufbrechen und gestalten,
was vor uns liegt.

Lied

Drauf wollen wir's denn wagen, es ist wohl wagenswert,
und gründlich dem absagen, was aufhält und beschwert.
Welt, du bist uns zu klein; wir gehn durch Jesu Leiten
hin in die Ewigkeiten: es soll nur Jesus sein.

Gerhard Tersteegen, *Kommt, Kinder, lasst uns gehen* (EG 393,11)

Lätare

Wenn das Weizenkorn nicht in die Erde fällt und erstirbt,
bleibt es allein;
wenn es aber erstirbt, bringt es viel Frucht.
(Johannes 12,24)

Gesät

Es wird Frühling. Und gerade erst ging es um das Aufbrechen, um das Pflügen der Felder. Aber auch um die anderen Aufbrüche. Jesus bereitet den Boden dafür: Er ist nun in Jerusalem angekommen, sein Ziel ist erreicht. Eigentlich kann es nun so weitergehen wie in den aufgeregten Tagen davor, als Jesus überall im Mittelpunkt stand. Alle Welt läuft ihm nach, spätestens, seit er einen Toten aus dem Grab geholt hat. Doch wie manchmal bei Jesus werden seine Worte nun merkwürdig dunkel. Statt strahlender Mittelpunkt im Licht aller Aufmerksamkeit zu sein, spricht er auf einmal von Erde, vom Fallen und Sterben.

Es ist Frühling. Es ist Saatzeit auf den Feldern, sobald die Erde warm genug ist. Die Körner für die Aussaat sind schon gereinigt, gesiebt und zurechtgelegt. Ein gewöhnlicher Vorgang, so wie jedes Jahr. Wer denkt schon an das Korn beim Säen, wer denkt an seine Verlorenheit in der dunklen Erde, an sein Vergehen? Und deswegen wird sorgfältig und schnell die Erde darüber gescharrt. Und dann weg von diesem Körnerfriedhof und erst nach ein paar Tagen wiederkommen.

Jesus ist einer, der vor der Ernte jedes einzelne Korn sieht. Er spricht vom Weizenkorn, er sieht es allein in der dunklen Erde liegen und dass es von sich nicht weiß, ob es verloren ist oder gesät. Jesus sieht unser Dunkel, unsere Ungewissheit und wie verloren wir uns fühlen. Und er sagt: Es muss so sein. Das alles wird Frucht bringen. Und wir stehen da wie damals Philippus und Andreas neben Jesus, unsicher lächelnd, weil wir ja viel glauben können, aber auch nicht alles. Doch zum Glück ist das, was Jesus sagt, keine Frage, sondern eine Antwort: Es muss sein. Es wird Frucht bringen.

Später werden sie daran denken, als er gestorben ist und sie ihn nicht einmal in die Erde legen können, sondern bloß auf einen Stein in sein Grab und schnell weggelaufen sind von diesem Ort. Tagelang wagen sie nicht mehr, dorthin zurückzukehren. Bis eine, die nicht mehr trauriger werden konnte, doch nachsehen ging. Und er war da im Garten, lebendig, auferstanden, gegen alle Erwartung, selbst in diesem Grab und Stein war er aufgegangen wie ein grüner Halm. Es musste sein. Es hat Frucht gebracht.

Zu Recht hat Maria Jesus für den Gärtner gehalten. Denn seit damals tut er nichts anderes, als unter uns eine Hoffnung zu säen, seine gereinigte, gesiebte Hoffnung: Es gibt das alles: Dunkelheit, Ungewissheit, Verloren-Sein. Es ist in jedem Leben. Es muss sein. Und einmal bringt es Frucht. Denn wir sind nicht verloren. Wir sind gesät.

Gebet

Wenn wir uns verloren fühlen
und nicht wissen, wie es ausgeht,
dann bist du bei uns, Jesus.
Auch wenn wir nicht erkennen können,
wozu es gut ist,
tröstet uns deine Nähe.
Weil du das Dunkel kennst,
wachsen wir mit dir ins Licht.

Lied

Ohne dich, wo käme Kraft und Mut mir her?
Ohne dich, wer nähme meine Bürde, wer?
Ohne dich, zerstieben würden mir im Nu
Glauben, Hoffen, Lieben, alles, Herr, bist du.

Cornelius Friedrich Adolf Krummacher, *Stern auf den ich schaue (EG 407,2)*

Judika

Der Menschensohn ist nicht gekommen, dass er sich dienen lasse, sondern dass er diene und gebe sein Leben als Lösegeld für viele. (Matthäus 20,28)

Ergeben

Wie unberechenbar Jesus ist: Das haben die Jünger schon einmal verstanden, als er ihnen diese Geschichte von den Arbeitern im Weinberg erzählt hat, diese irritierende Infragestellung aller Berechnungen, die sie gewohnt waren. Aber jetzt werden die Andeutungen immer düsterer, die Jesus macht. Was steht ihm in Jerusalem alles bevor? Seine Freunde machen sich Sorgen, weniger um ihn, mehr um sich selbst. Wenn das alles bald zu Ende geht, wo werden sie dann bleiben? Und schon wieder geht es um eine Reihenfolge und um eine Rangordnung. Diesmal sogar um die im Himmel. Sie stellen sich das sehr eindrucksvoll vor: Jesus sitzt dann wie ein Herrscher in der Mitte. Und zwei von ihnen natürlich links und rechts daneben. Bleibt bloß noch die Frage offen, wer von ihnen das sein wird. Besser, man spricht beizeiten darüber, dann ist alles geklärt. Dann kann man etwas ruhiger auf die Dinge warten, die da kommen werden. Reservierte Plätze sind einfach beruhigend. Vor allem, wenn es gute Plätze sind.

Allerdings ist mit Jesus irgendwie kein Staat zu machen. Jedenfalls keiner, in dem es ein Oben und ein Unten gibt. Mit der Sitzordnung, die seine Freunde im Kopf haben, kann Jesus offensichtlich nichts anfangen. Er sagt ihnen: Es ist nicht so, wie ihr das kennt, wie es alle Herrscher mit ihren Untergebenen machen. Einige, wenige, die etwas zu sagen haben und viele andere, die gar nichts zu sagen haben. Das sind zwar die Verhältnisse, in denen viele Menschen leben – im Fall von Jesus und seinen Freunden auch noch unter der fremden Herrschaft des römischen Imperiums. Aber bei Jesus gibt es solche Verhältnisse trotzdem nicht. Er kehrt sie einfach um. Wer groß sein will, muss sich klein machen. Wer oben sein will, muss untergeben sein.

Und damit zerbricht dieses Gefüge, das sie zwar manchmal bedrückt, ihnen aber auch Sicherheit gibt. Jesus stellt die Ordnungen der Welt auf den Kopf, die Regeln von Lohn und Berechnung. Und eben auch die von oben und unten.

Untergeben sollen sie sein und noch mehr. Ergeben, bereit, sich selbst zu geben, so wie Jesus es tun wird. Die Mächtigen werden ihre Macht an ihm demonstrieren, ihn gefangen nehmen lassen, ihn foltern, verurteilen und am Ende hinrichten. Und jetzt sagt Jesus ihnen schon, dass dies genauso passieren muss. Denn seine Macht ist die Ohnmacht. Und wo alle auf Widerstand hoffen, ergibt er sich.

Gebet

Jesus, lehre du uns, dass sich ergeben
nicht verlieren bedeutet.
Zeig uns, wie wir mit dem Unvermeidlichen umgehen können
und wie viel Kraft und Hingabe in uns sind,
wenn es darauf ankommt.
Deine Macht zeigt sich in der Ohnmacht
und verändert damit die Welt.

Impuls

Gott lässt sich aus der Welt heraus drängen ans Kreuz,
Gott ist ohnmächtig und schwach in der Welt
und gerade und nur so ist er bei uns und hilft uns.

Dietrich Bonhoeffer

Palmsonntag

Der Menschensohn muss erhöht werden, auf dass alle, die an ihn glauben, das ewige Leben haben. (Johannes 3,14b.15)

Gebissen

Schon wieder eine Erinnerung an die Wüstenzeiten. Immer wieder in den Geschichten von Jesus gibt es diesen Blick zurück auf den Anfang der Geschichte Gottes mit seinen Menschen, weil Jesus und seine Freunde ein Teil dieses Volkes sind. Vierzig Jahre lang ist das Volk Israel ohne feste Unterkunft durch die Wüste gewandert. Jeden Tag waren sie angewiesen auf das, was ihnen an Nahrung zufiel. Immer waren sie unterwegs, immer in Ungewissheit darüber, was der nächste Tag ihnen bringen wird. Genauso zieht auch Jesus jetzt mit seinen Freunden durch das Land. Damals in der Wüste hatten sie es recht bald satt. Dieses Brot, das jeden Morgen für sie vom Himmel auf die Erde fiel und so mühselig aufzusammeln war. Der ewige Durst. Und alles andere auch. Sie fingen an zu murren.

Gott hört sich das eine Weile an: Sie sind doch sein Volk. Sie haben einen Bund miteinander geschlossen und sich versprochen, einander nicht aus den Augen zu lassen. Aber das Volk Israel blickt nur noch vor seine eigenen Füße. Bis der Sand plötzlich lebendig wird. Giftige Schlangen züngeln und zischeln. Was immer da war in der Wüste, wie die Schlangen immer da waren, das bekommt plötzlich Macht über sie. Sie starren es an, und es starrt endlos zurück, denn Schlangen blinzeln nicht.

Damals in der Wüste gab es nur einen Weg aus dieser Gefahr heraus. Einige waren schon gebissen worden und sind gestorben. Sie müssen alle nach oben zu der ehernen Schlange sehen, die Mose an einem Stab aufgehängt hat.

Sie ist ein Blickfang in dieser gleichförmigen, sandigen Ebene. Und auf einmal sieht nicht mehr jeder nur vor die eigenen Füße, auf die Schlangen, die Bisse und den Schmerz. Das Schreckliche ist gebannt. Es zischt und züngelt nicht mehr. Wer den Blick hebt und auf diese Schlange sieht, sieht an ihr vorbei. Und sieht über ihr das Angesicht Gottes mit dem Namen „Ich bin da". Wer Gott nicht aus den Augen lässt, wird leben.

Was die Geschichten aus der Wüste von Gott erzählen, ist in Jesus wiederzuerkennen. Er ist Gottes Sohn, so sehr geliebt und trotzdem nicht vor dem Tod beschützt. Jesus muss den ganzen Weg wie durch eine Wüste gehen, auch den langen, dunklen Umweg des Todes. Und er will es nicht. Auch er murrt. Er bittet, dass doch der Kelch an ihm vorübergehen möge. Jesus jammert am Ende nach Wasser. Er leidet und stirbt und hängt schließlich am Kreuz hoch auf einem Hügel über der Ebene.

Wer auf ihn sieht, weiß: Alle Wege, die Menschen gehen, ist Jesus gegangen, auch die längsten und dunkelsten Umwege. Wer sich wie vom Leben gebissen fühlt, wer nicht mehr weiterwill, weil alles nur noch Wüste ist, soll ihn ansehen. Und dabei sieht er an diesem Kreuz Gott. Mitten in allen Wüsten des Lebens.

Gebet

Wenn wir den Blick abwenden vom Leiden,
nicht so genau hinsehen,
lieber schnell wegsehen,
dann ist das Leiden trotzdem nicht verschwunden.
Aber wir lassen die allein,
die es ertragen müssen.
Gib uns die Kraft, da zu bleiben, Gott,
lass uns da sein für andere,
so wie du für uns da bist.

Lied

Herr, stärke mich, dein Leiden zu bedenken,
mich in das Meer der Liebe zu versenken,
die dich bewog, von aller Schuld des Bösen
uns zu erlösen.

Da du dich selbst für mich dahingegeben,
wie könnt ich noch nach meinem Willen leben?
Und nicht vielmehr, weil ich dir angehöre,
zu deiner Ehre.

Christan Fürchtegott Gellert,
Herr, stärke mich, dein Leiden zu bedenken (EG 91,1+7)

Belebt – die Osterzeit

Passend zum Erwachen der Natur wird im Kirchenjahr Ostern gefeiert. Längst haben Hasen und Eier dieses Fest mit Bedeutung gefüllt: Wir feiern Frühling und Fruchtbarkeit. Im Licht der ersten wärmenden Sonnenstrahlen betrachtet, könnte Ostern einem ja vorkommen wie die christliche Version des ewigen Kreislaufs von Werden und Vergehen.

Auch in dieser Vorstellung liegt etwas Tröstliches. Aber wer mehr vom Leben will, feiert nicht einfach jedes Jahr den Frühling. Sondern erinnert sich jedes Jahr im Frühling an diesen einen Morgen im Garten, an dem es auf einmal nicht mehr so war, wie es alle erwartet hatten: nämlich aus und vorbei mit Jesus.

Die unverrückbare Tatsache, dass wir leben und sterben werden, ist an diesem Tag ins Wanken geraten so wie der Stein vor dem Grab, der eigentlich nicht mehr zu bewegen war. Wir leben und sterben – und werden leben. Damit ist die eine, große Ordnung des Lebens und der Welt außer Kraft gesetzt: dass am Ende für alles und jede und jeden der Tod kommt.

Nach dieser neuen Ordnung lebt sich auch das Leben anders. Nach Ostern ist nicht vor Ostern, sondern immer. An diese neue Wirklichkeit gewöhnen sich Christinnen und Christen seit gut 2.000 Jahren – und sie sind immer noch nicht fertig damit. In den Wochen nach Ostern kann man den Freundinnen und Freunden von Jesus dabei zuschauen, wie sie erschrecken und sich freuen, wie sie es einfach nicht glauben können, wie sie zweifeln und nachfragen. Wie nach dem überraschenden Wiedersehen dann bald wieder ein Abschied von Jesus kommt, der alle erst einmal in die alte Hoffnungslosigkeit zurückfallen lässt. Bis dann unter ihnen ein Geist aufkommt, ein heiliger, der uns bis heute bewegt.

Osterfest

Christus spricht: Ich war tot, und siehe, ich bin lebendig von Ewigkeit zu Ewigkeit und habe die Schlüssel des Todes und der Hölle. (Offenbarung 1,18)

Abgeschlossen

Wer als Erster kommt, wenn noch abgeschlossen ist, schließt auf. Und wer als Letzter geht, wenn abgeschlossen werden muss, schließt zu. Jedes Jahr ist Ostern. Aber Ostern kommt nicht einfach jedes Jahr neu, so wie der Frühling mit den ersten Blüten und Blättern draußen. Man kann diese unterschiedlichen Arten, Hoffnung zu haben, leicht verwechseln. Es macht aber einen großen Unterschied, ob sich die Hoffnung an die Vorstellung eines ewigen Kreislaufs von Werden und Vergehen klammert. Oder ob sie sich an ein Ereignis aus der Vergangenheit heftet.

Für die Christinnen und Christen, an die sich die Briefe des Johannes im Buch der Offenbarung richten, war dieser Unterschied lebensnotwendig. Sie konnten ihre Verfolgung und Bedrohung nicht als einen Teil eines ewigen Wechsels von bösen und guten Zeiten verstehen. Denn es tröstet einen überhaupt nicht, auf bessere Zeiten zu hoffen, wenn man sie vielleicht gar nicht mehr erleben wird. Sie brauchten eine andere, eine größere Hoffnung.

Jesus war tot. Sie alle wissen das. Niemand zweifelt daran. Er war gestorben und wurde begraben, noch ein bisschen zurechtgemacht und eingewickelt in sein Leichentuch, beweint und betrauert von denen, die ihn liebten. So wie man es kennt, wenn der Tod ins Leben kommt. Aber tot sein passt nicht zu einem, der von sich gesagt hat, dass er der Sohn Gottes ist. Überall um sie herum reden sie von anderen Göttern, die niemals auf die Idee kommen würden, zu leiden und zu sterben.

Und wieder einmal erfahren sie, an was für einen Gott sie glauben. Gott stellt immer wieder alles auf den Kopf. Das ist sehr irritierend für alle anderen und auch für sie selbst.

Jesus war tot. Aber das ist vorbei. Als hätte er mit ruhiger Gelassenheit die Schlüssel an sich genommen, zu Räumen, wo nie jemand hinkommt. Wo nur die Toten sind, die wir vermissen und von denen wir nichts wissen, so sehr wir es uns auch wünschen. Es ist, als habe Jesus dort kurz einmal nachgesehen, drei Tage lang, und festgestellt, dass Totsein nichts für ihn als den Sohn des lebendigen Gottes ist. Weil Gott so unendlich viel lebendiger ist als all die toten Götter, die sich die Menschen aus Holz oder Stein anfertigen.

Jesus war tot und ist lebendig. Als Erster war er da, wo der Tod ist – allerdings mit einem Schlüssel. Und als Erster kommt er wieder von dort zurück und schließt hinter sich ab. Und damit ist die Sache mit dem Tod für immer abgeschlossen. Größer kann eine Hoffnung nicht sein. Und lebendiger auch nicht.

Gebet

Jesus Christus,
du bist von den Toten auferstanden,
damit wir aufhören, an das Ende zu glauben
und daran, dass nur der Tod sicher ist.
Wir finden den Stein nicht mehr,
der alles abschließt.
Unsicher und mutig zugleich
wie die Frauen am Grab sagen wir es weiter:
Uns ist das Leben sicher.

Lied

Auf, auf, mein Herz, mit Freuden
nimm wahr, was heut geschicht;
wie kommt nach großem Leiden
nun ein so großes Licht!
Mein Heiland war gelegt
da, wo man uns hinträgt,
wenn von uns unser Geist
gen Himmel ist gereist.

Er war ins Grab gesenket,
der Feind trieb groß Geschrei;
eh er's vermeint und denket,
ist Christus wieder frei
und ruft: Viktoria!
Schwingt fröhlich hier und da
sein Fähnlein als ein Held,
der Feld und Mut behält.

Paul Gerhardt, *Auf, auf, mein Herz, mit Freuden* (EG 112,1–2)

Quasimodogeniti

Gelobt sei Gott, der Vater unseres Herrn Jesus Christus, der uns nach seiner großen Barmherzigkeit wiedergeboren hat zu einer lebendigen Hoffnung durch die Auferstehung Jesu Christi von den Toten.
(1. Petrus 1,3)

Wiedergeboren

Wenn es eine lebendige Hoffnung gibt, gibt es dann auch eine tote Hoffnung? Vielleicht wollten die Frauen nichts anderes, als ihre Hoffnung endgültig begraben, als sie sich auf den Weg zum Grab von Jesus machten. Sie haben sich gesagt: Wir gehen da noch einmal hin. Und dann gibt es vielleicht Ruhe für uns, wenigstens das. Dann schauen wir uns das Grab an und den Stein und weinen ein bisschen und nehmen Abschied. Denn nur, wenn man die Hoffnung begräbt, kann etwas Neues beginnen.

Aber diese Hoffnung lässt sich nicht begraben. Kein Grab ist dafür tief und kein Stein dafür schwer genug. Gott lässt nicht zu, dass die Frauen am Grab von Jesus einen Kult der begrabenen Hoffnung beginnen. Wie ein Kind aus dem Schoß der Mutter kommt, so kommt hier, an diesem Grab, eine lebendige Hoffnung zur Welt. Sie ist überwältigend neu, nie vorher dagewesen und sie wächst mit jedem Tag.

So fühlt sich das Leben für alle an, die an Jesus glauben. Es ist ein schwer zu beschreibendes Gefühl, selten und fremdartig, so wie das Wort, das dafür benutzt wird: wiedergeboren. Wieder geboren, ein Leben, als hättest du gerade zum ersten Mal tief eingeatmet, als blicktest du dich zum ersten Mal um in dieser Welt, in der du ganz neu bist und alles um dich herum auch.

Wie die Kinder müsst ihr werden, das hatte Jesus ihnen schon gesagt, als er noch lebte. Aber das war nicht so gut angekommen bei ihnen. Wer will schon hilflos sein, klein und auf andere angewiesen und in der Welt der Erwachsenen leicht übersehen werden? Und dabei hatten sie alles andere ganz vergessen, was doch Kinder ausmacht: dass jedes Kind ein Anfang ist, eine ganze Welt von Möglichkeiten. Zart und unfassbar lebendig, unmerklich, aber beharrlich wachsend. Das Staunen der Kinder und ihr Lachen, ihr Trotz und ihre Wutanfälle, ihre vielen Fragen und der Widerspruch. Und die Freude, da zu sein und am Leben.

Die lebendige Hoffnung macht euch wieder zu Kindern. Und so sollt ihr auch leben, wenn ihr an Jesus glaubt: Wie die Kinder. Es ist nicht schlimm, wenn ihr euch klein und hilflos oder in der Minderheit fühlt. Ihr seid der neue Anfang in dieser alten Welt, trotz allem. Niemand hat euch versprochen, dass dieses Leben im Glauben einfach sein wird. Denn Wachsen ist eine Herausforderung. Zweifel gehören dazu. Manchmal ist es auch wie ein Ringen mit Gott. Aber die Hoffnung lässt sich nicht unterkriegen.

Gebet

Gott, wir bitten dich um eine Hoffnung,
die ihren Namen verdient,
die frech und übermütig ist wie ein Kind,
die nicht stillsitzen kann,
die Lärm macht und tausend Fragen stellt,
die nichts so lässt wie es war,
die jeden Tag ein Stück größer wird.
Um diese Hoffnung bitten wir dich
für uns und für die Welt.

Impuls

Wenn schon die Illusion im Leben der Menschen eine so große Macht hat, dass sie das Leben in Gang hält, wie groß ist dann erst die Macht, die eine absolut begründete Hoffnung für das Leben hat, und wie unbesiegbar ist so ein Leben.

Dietrich Bonhoeffer

Miserikordias Domini

Christus spricht: Ich bin der gute Hirte.
Der gute Hirte lässt sein Leben für die Schafe.
Meine Schafe hören meine Stimme,
und ich kenne sie und sie folgen mir;
und ich gebe ihnen das ewige Leben.
(Johannes 10,11.27.28a)

Behütet

Hinter all den Postkartenbildern von Hirten und ihren Tieren steckt eine andere Wirklichkeit. Sie besteht aus Regen oder kalten Nächten, aus den Zeiten im Jahr, wenn ein Hirte bei all seinen Schafen gleichzeitig Hebamme sein muss. Und dann auf dem dreckigen Boden knien muss mit ziemlich viel Mist genau auf Augenhöhe. Welche Hirten stehen in der Realität ruhig auf ihren Stab gestützt zwischen friedlich weidenden Tieren? Ein Hirte ist immer unterwegs. Eine Herde muss zusammengehalten und beschützt werden. Davor, dass sie sich in einer weglosen Landschaft verliert. Oder sich vereinzelt und damit zur leichten Beute für gefährliche Tiere wird. Das Hirtendasein hat bestimmt seine wunderschönen Momente, aber es hat auch seinen Alltag und der ist mitunter nass, stinkig und mühselig.

Längst ist der Hirte selbst zu einem Postkartenbild geworden. Mit der Wirklichkeit der meisten Menschen hat dieses Bild nichts mehr zu tun. Und trotzdem rührt das Bild vom Hirten an eine Sehnsucht, die so alt ist wie die Welt: dass jemand bei mir ist und mir das Gefühl nimmt, allein auf weiter Flur zu stehen. Jemand, der mich behütet und versorgt, beschützt und tröstet.

Wer sich dieses Bedürfnis eingesteht, wird nicht automatisch zu einem dummen Schaf. Im Gegenteil, er oder sie kann besser erkennen, welche Hirten gute Hirten sind und welche böse. Immer dann, wenn Menschen sich zu

Herden formieren wollen oder sollen, dann stellt sich die Frage, welche Hirten sie gerade haben, und welche sie sich wünschen. Menschen sehnen sich nach Hirten, die zuerst nach der Herde fragen, anstatt sich selbst zu weiden. Sie mögen ja manchmal wie Schafe sein, besonders in der Herde, aber sie haben einen guten Instinkt dafür, was ihre Hirten wirklich interessiert. Und es ist gefährlich, wenn Menschen das Gefühl bekommen, dass es niemanden gibt, der nach ihnen fragt oder sie sucht.

Kluge Schafe erkennen gute Hirten. Das hat schon lange vor Jesus der Prophet Ezechiel gesehen. Er kennt die bösen Hirten, die nur ihren eigenen Vorteil suchen, das Fett, die Wolle, den Braten. Und er warnt vor ihnen.

Was Jesus über die Hirten sagt, das klingt so, als gingen sie immer voraus. Aber in Wirklichkeit gehen gute Hirten immer hinter ihrer Herde, damit sie alle im Blick behalten. Den Rücken oder die kalte Schulter zeigen sie einem nie. Gute Hirten knien sich oft hin. Sie scheuen sich weder vor Dreck noch vor Blut. Sie lassen niemanden zurück. Und wer nicht weiterweiß, sieht sich einmal um. Dem guten Hirten siehst du immer ins Gesicht. Er ist da. Er ist hinter dir, mit Stecken und Stab, um dich zu behüten. Sieh ihn an und dann kannst du getrost weitergehen.

Gebet

Dass einer uns nachgeht
und nach uns sieht,
wie ein guter Hirte auf seine Herde achtet,
Gott, dieser Wunsch wird groß,
wenn wir uns unsicher fühlen
und nicht wissen, wo es hingehen soll.
Bei dir sind wir geborgen und behütet.
Lass uns das erfahren.

Impuls

Du darfst mir nicht ins Auge sehn,
du weißt nicht, wer ich bin, –
und durch den Felderfrühling gehn
wir doch zusammen hin.

Vielleicht enthüllt mein Auge sich.
Wir wandern weit zu zwein.
Führst du mich oder führ ich dich
ins Hirtental hinein?

Rainer Maria Rilke

Jubilate

Ist jemand in Christus, so ist er eine neue Kreatur;
das Alte ist vergangen, siehe, Neues ist geworden.
(2. Korinther 5,17)

Unsichtbar

Das Leben nach Ostern besteht im Wesentlichen darin, eine neue Lebenshaltung einzuüben: Nichts ist für immer vorbei, nichts ist abgeschlossen. Seit Ostern ist eine Hoffnung in der Welt, die sich nicht begraben ließ. Sie verändert die Welt und das eigene Leben. Denn den Anfängen fehlen auf einmal die Enden.

Das trifft sogar auf den einen, großen Anfang zu, von dem die Bibel erzählt. Dass Gott selbst es gut fand, was in sieben Tagen geschaffen wurde, ist schriftlich festgehalten. Aber das ist nicht das Ende des Anfangs. Die Geschichte Gottes mit seinen Menschen geht weiter. Und was nach dem sehr guten Anfang kommt, ist leider größtenteils verwirrend und schrecklich: Die Menschen wissen irgendwann, was gut und böse ist. Sie entscheiden sich oft für das Böse. Gott bereut es, sie gemacht zu haben und findet sich schließlich doch damit ab, dass die Menschen nun einmal so sind, wie sie sind. Sie verstehen sich nicht, streiten sich und laufen schließlich in die ganze Welt auseinander. Aber Gott geht ihnen weiter nach, wie es ein guter Hirte tut. Diese Geschichte nimmt einfach kein Ende.

Man darf sich nicht zu sehr an den Gedanken gewöhnen, dass wir so geschaffen sind, wie es am Anfang erzählt wird: Von Erde genommen, müssen wir wieder zu Erde werden. Wir leben so lange, bis irgendwann sichtbar und spürbar wird, dass wir sterben müssen.

Denn es gibt auch noch einen anderen Blick, den Blick auf das Unsichtbare. Etwas, das nicht vergeht. Den Teil von uns, dem die Jahre nichts anhaben können. Im Spiegel kann man ihn nicht sehen. Denn dort sieht man bloß die Falten und die überzähligen Kilos. Wir sind darin nicht wirklich zu erkennen, und wer von dem Spiegel nicht wegkommt in seinem Leben und nur auf das sieht, was vergeht, muss traurig werden. Aber wer den Teil spürt, dem die Jahre nichts anhaben können, der wird froh.

Nichts ist abgeschlossen, nichts ist für immer vorbei, im Leben der Welt und im eigenen Leben. Und es gibt diese Momente, in denen man das fühlt und sich auf einmal ganz sicher ist: Nach dem Anfang kommt ein Ende. Und wieder ein Anfang. Wir leben und sterben und leben so, wie es bei Jesus war. Nach außen bleibt diese Hoffnung unsichtbar, aber von innen erneuert sie alles.

Gebet

Gott, lehr uns den Blick
auf das, was man nicht sieht,
auf das Unsichtbare in uns,
in dem sich dein Geheimnis verbirgt.
Du machst alles neu,
du bist unser Anfang und unser Ende
und wieder unser Anfang.

Lied

Du durchdringest alles; lass dein schönstes Lichte,
Herr, berühren mein Gesichte.
Wie die zarten Blumen willig sich entfalten
und der Sonne stille halten,
lass mich so
still und froh
deine Strahlen fassen
und dich wirken lassen.

Gerhard Tersteegen, *Gott ist gegenwärtig* (EG 165,6)

Kantate

Singet dem HERRN ein neues Lied, denn er tut Wunder.
(Psalm 98,1)

Musikalisch

Die Psalmen sind alte Lieder. Und sie singen davon, dass alles neu und anders wird. Wenn man der Bibel glaubt, hat David viele von ihnen verfasst. Er war ein Hirtenjunge, kundig des Saitenspiels. Und aus ihm wurde später ein König. David hat mit der Musik angefangen, als er seinen Vorgänger, den müden und traurigen König Saul, aufheitern sollte. Und das Wunder geschieht: Es wird besser mit diesem traurigen König, anders und neu.

Danach hat David nie etwas anderes getan, als seine Gefühle zu Liedern werden zu lassen. In den Psalmen sind sie alle enthalten. Sie sind nicht sortiert nach schön oder hässlich, erlaubt oder unangemessen. Lob und Klage, Angst und Vertrauen und auch Hass und Rache kommen darin vor, alles durcheinander, manchmal in atemberaubend raschem Umschwung. So, wie Gefühle eben sind.

Denn es ist anders, als manche denken: Die Musik ist nicht dazu da, um etwas abzumildern, einzulullen oder zuzudecken. Sie ist da, um alles aufzuwecken, was an Gefühlen in den Herzen ist, um Menschen froh zu machen oder traurig, um sie zu trösten oder aufzuregen. Musik weckt auch bisher unbekannte Gefühle. Sie ist nicht dazu da, um im kultivierten Ambiente von Musikinstitutionen konsumiert zu werden, mit Gefühlen, die manchmal so gedimmt sind wie das Licht im Saal. Sie darf kein Schlaflied sein, im Gegenteil: Sie ist die Morgenmusik einer anderen Welt. Dass es Wunder gibt, Aufbrüche, überraschende Wendungen, dass nichts so bleiben muss, wie es gewesen ist – auf diese Grundmelodie werden Menschen seit Ostern gestimmt.

Die Psalmen sind Lieder, die dunkle Erfahrungen im Leben und in der Welt nicht ausblenden, sondern ihnen eine Form geben, selbst die der Verzweiflung und der Ratlosigkeit. Ihre dunkelsten Töne finden sie, wenn es um die Feinde geht, und über die Hoffnung darauf, dass diese Feinde überwunden werden.

Die Hoffnung, das Wort „Feinde" irgendwann überhaupt nicht mehr gebrauchen zu müssen, ist kleiner geworden in den vergangenen Jahren. Und die Zahl der Menschen, die sich lieber für die ewig gleichen alten Lieder entscheiden, wird leider größer. Müde und traurig kann man davon werden. Und unter der Last der Verantwortung so verstört und ratlos, wie es König Saul war. Dann ist es höchste Zeit, sich an die Grundmelodie von Ostern zu erinnern. Dann werden neue Lieder gebraucht und jemand, der sie singt und spielt.

Dieser Hirtenjunge David, kundig des Saitenspiels, wird einmal zum König gesalbt werden, zum größten, den Israel je hatte. Er wird sein Herz bereithalten und wach sein, damit er immer neue Lieder kreieren kann. Nie wird er aufhören zu loben, zu klagen, zu lieben, zu hassen, zu trauern und zu hoffen. Mit seiner Musik.

Gebet

Die alte Leier will niemand mehr hören,
erst recht nicht von uns, Gott.
Stimme uns um,
lehr uns dein neues Lied,
damit die Welt hört, was du an uns getan hast.
Und wenn wir verstummen wollen,
wenn uns die Luft ausgeht,
dann singe du in uns.

Impuls

„Singet dem Herrn ein neues Lied." Auf diesem Wort neu liegt der Ton. Was ist dies neue Lied anders als das Lied, das den Menschen neu macht, das Lied, das aus dem Menschen nach Dunkelheit und Sorge und Angst hervorbricht zu neuer Hoffnung, neuem Glauben, neuem Vertrauen?

Dietrich Bonhoeffer

Rogate

Gelobt sei Gott, der mein Gebet nicht verwirft
noch seine Güte von mir wendet.
(Psalm 66,20)

Aufdringlich

Bald ist Himmelfahrt. Dann werden die Freunde von Jesus nach oben blicken, bis ihr Nacken steif wird und dabei zusehen, wie Jesus sich ein für alle Mal von ihnen verabschiedet. Eine Wolke nimmt ihn auf, bis er nicht mehr zu sehen ist und sich die Wolkendecke über ihren Köpfen schließt. Über diese Zeit hatte Jesus mit ihnen auch geredet: darüber, wie es sein würde, wenn er nicht mehr bei ihnen war. Er hatte ihnen versprochen: Dass sie ihn nicht mehr sehen und bei sich haben würden, wäre nicht das Ende ihrer Beziehung zu ihm. Denn es gibt ja das Gebet. Und sie können ihn auf diese Weise weiter erreichen.

Denn der Himmel besteht nicht aus einer undurchdringlichen Wolkendecke, mit der sich Gott wattig abpolstert gegen alles, was von unten kommt. Er war schon immer durchlässig für alles, was uns bewegt, was uns bedrängt, wofür wir Kraft brauchen, was uns sehr traurig oder besonders froh macht. Beten ist die Sprache einer Beziehung, in der ich zu Gott mit allem kommen kann, was ich auf dem Herzen habe, egal zu welcher Tages- oder Nachtzeit. Wie in einer guten Freundschaft kann ich alles fragen und alles sagen. Und nichts ist eine Zumutung für das Gegenüber.

Manchmal kann es trotzdem sein, dass einem der Himmel sehr undurchdringlich vorkommt. Und gerade die dringendsten Gebete nicht erhört werden, jedenfalls nicht so, dass eintritt, worum ich gebeten habe. Schweigen auf der anderen Seite stellt die Beziehung auf die Probe. Das ist in menschlichen Beziehungen so und in der Beziehung zu Gott erst recht.

In solchen Situationen bekommt das Gebet eine neue Bedeutung für mich.

Not lehrt Beten, heißt es. Und die Not mit dem Schweigen Gottes lehrt das Beten noch einmal anders und neu: Gott gegenüber aufdringlich zu bleiben, wie ich es mich bei Menschen niemals trauen würde, selbst bei guten Freunden nicht. Gott zu bedrängen, weiter zu beten und zu bitten. Oder zu klagen darüber, dass die Gebete nicht bis in den Himmel vorzudringen scheinen.

So aufdringlich gegenüber Gott zu sein, ist weder einfach noch angenehm. Das fängt schon bei den alltäglichen Bitten an. Denn zuzugeben, dass ich etwas brauche und mir etwas fehlt, ist schwer. Für manche Menschen schon dann, wenn es nur um ein Ei oder eine Zwiebel geht. Und erst recht, wenn es sich um andere, viel wesentlichere Dinge handelt. Beten heißt, meine eigene Bedürftigkeit auszusprechen und mich nicht mit einem Leben wie unter einer geschlossenen Wolkendecke abzufinden.

Gebet

Es ist dein Schweigen, Gott,
dem unser Beten standhalten muss.
Aber wir reden weiter mit dir,
auch wenn uns die Worte fehlen.
Es gibt keinen Grund zu glauben,
dass du uns nicht hörst,
nur weil du uns nicht antwortest.
In deinem Schweigen, Gott,
ist unser Gebet aufgehoben.

Lied

Amen, das ist: Es werde wahr.
Stärk unsern Glauben immerdar,
auf daß wir ja nicht zweifeln dran,
was wir hiermit gebeten han
auf dein Wort, in dem Namen dein.
So sprechen wir das Amen fein.

Martin Luther, *Vater unser im Himmelreich* (EG 344,9)

Exaudi

Christus spricht: Wenn ich erhöht werde von der Erde,
so will ich alle zu mir ziehen.
(Johannes 12,32)

Anziehend

Es gibt unterschiedliche Arten, den Boden unter den Füßen zu verlieren. Himmelfahrt erzählt von beiden: Davon, wie es ist, wenn man sich trennen *will*. Und wie es ist, wenn man sich trennen *muss*. Denn Jesus will den Abschied. Er hat sich losgemacht aus dem Kreis seiner Freunde. Ihn schmerzt es nicht, er macht es sich leicht. Er macht sich einfach leicht und verschwindet vor ihren Augen.

Zurück auf dem Boden bleiben die anderen, die Abschied nehmen müssen. Und wie sie noch dastehen, zieht es ihnen den Boden unter den Füßen weg. Sie erfahren: Ein Abschied tut nicht allen gleich weh und das Bleiben kann schwerer sein als das Gehen.

Jesus hatte sie eigentlich in den langen Gesprächen vor seinem Abschied darauf vorbereitet. Aber es ist so, wie es immer ist: Damals, als er noch bei ihnen war, hatte niemand verstanden, wie er das alles gemeint hat. Und erst jetzt, im Nachhinein, begreifen sie es. Sie haben Jesus nach seinem Tod, nach dem größten Abschied von allen, wiederbekommen. Und jetzt ist er schon wieder weg. Und sie bleiben mit vagen Versprechen am Boden zurück mit diesem Satz, den man bei jedem Abschied sagen kann, und der niemanden tröstet: Es musste vielleicht alles so kommen.

Erhöht werden, damit hatte Jesus nicht diesen Augenblick gerade gemeint, sondern den anderen, den schlimmen, den sie nur aus der Ferne wahrgenommen hatten. Weil sie es nicht mit ansehen konnten, Jesus da am Kreuz hängen zu sehen, hoch oben auf dem Hügel über der Stadt. Und nun stehen sie auf einem anderen Hügel und Jesus ist noch viel weiter oben und aus ihrem Blick verschwunden.

Es dauert einen Moment, bis sie es verstehen: Es musste wirklich so kommen. Jesus wollte das auch so. Er wollte nicht bei ihnen bleiben und sich mit ihnen zusammen langweilen, mit den immer gleichen Gesichtern und den alten Geschichten und der Gewohnheit, die entsteht, wenn man sich zu gut kennt. Er ging weg von ihnen, weil er nicht sein eigenes Denkmal werden wollte und von der Vergangenheit leben wie von einem Vorrat, der sich doch irgendwann aufbraucht. Weil er nicht bei ihnen geblieben war, war er viel stärker mit ihnen verbunden, als er es jemals hätte sein können. Seine Abwesenheit bindet sie noch viel stärker an ihn und aneinander als seine Gegenwart, aber sie sind nicht länger ein nur auf ihn eingeschworener Kreis. Sie werden offen und anziehend für andere.

Gebet

Himmelweit ist der Unterschied, Gott,
zwischen dir im Himmel und uns auf Erden.
Du willst, dass wir am Boden bleiben
und hältst doch den Himmel über uns offen.
Es ist schwer für uns zu begreifen:
Damit er immer und überall bei uns sein kann,
hat dein Sohn uns verlassen.
Aber du lässt uns nicht allein zurück,
du sendest uns deinen Geist,
der uns tröstet und Mut macht.

Lied

Ihnen steht der Himmel offen,
welcher über alles Hoffen,
über alles Wünschen ist.
Die geheiligte Gemeine
weiß, daß eine Zeit erscheine,
da sie ihren König grüßt.

Philipp Friedrich Hiller, *Jesus Christus herrscht als König* (EG 123,9)

Pfingsten

Es soll nicht durch Heer oder Kraft, sondern durch meinen Geist geschehen, spricht der HERR Zebaoth.
(Sacharja 4,6)

Fundamental

Bauprojekte haben es in sich. Sie brauchen umfassende Planung und gute Absprachen. Baumaterial und Arbeitskräfte müssen zur Stelle sein. Die Reihenfolge der Arbeiten zu koordinieren, ist eine Kunst für sich. Meistens dauert es alles viel länger als ursprünglich gedacht. Und nicht alles kann umgesetzt werden. Am wichtigsten ist vielleicht, dass es in dem ganzen Baugeschehen jemanden gibt, der an der Vision festhält, die einmal alle und alles in Bewegung gesetzt hat.

Der Prophet Sacharja ist Experte für Visionen. In lebendigen und manchmal verwirrenden Bildern malt er die Zukunft aus, auf die die Menschen in Jerusalem warten. Denn sie sind aus dem Exil in ihr zerstörtes Heimatland zurückgekommen. Sie müssen alles wieder aufbauen, Straßen und Häuser. Und sie haben noch ein weiteres, ganz besonderes Bauprojekt vor sich: den Wiederaufbau des zerstörten Tempels. Ein Gebäude von symbolischer Bedeutung, auf dessen Mauern die Hoffnung eines ganzen Volkes projiziert wird: Wenn der Tempel wieder steht, dann geht unsere Geschichte mit Gott weiter. Dann heilen die Wunden der Vergangenheit. Die quälende Ungewissheit, wie es weitergehen soll, ist dann endlich vorbei. Mit jedem Stein, der auf einen anderen gesetzt wird, fühlen wir uns stabiler. Mit diesem Bau wächst auch unsere Sicherheit.

Bauprojekte haben es in sich. An Pfingsten wird auch noch einmal die Geschichte vom grandiosen Scheitern der ganzen Menschheit auf der Großbaustelle für den Turm in Babel erzählt. Da haben Menschen auch eine Vision, allerdings eine fragwürdige: Sie wollen sich einen Namen und mit ihrem

Turmbau praktisch Gott Konkurrenz machen. Das funktioniert nicht. Zum Glück muss man sagen. Anstatt sich gemeinsam in selbst gewählter Sklaverei für ein sinnloses Großprojekt abzuschuften, verteilen sich die Menschen in der ganzen Welt. Seit damals sprechen sie verschiedene Sprachen. Diese Vielfalt ist keine Strafe. Sie ist offenbar das, was Gott für seine Menschen will. Und sie schenkt uns seitdem die Erfahrung, wie kostbar und wenig selbstverständlich es ist, wenn Menschen einander verstehen.

Pfingsten wird manchmal wie der Start des Bauprojekts „Kirche" gefeiert. In einem Haus mit verschlossenen Türen saßen die Freundinnen und Freunde von Jesus beim ersten Pfingstfest, als der Geist Gottes zu ihnen kam wie ein Feuer, wie ein Wind. Man kann es schwer beschreiben. Aber es ist etwas, von dem sich alle festen Gebäude bedroht fühlen müssen.

Sie sprechen auf einmal viele Sprachen. Sie verteilen sich von Jerusalem aus in der ganzen Welt. Im Lauf der Geschichte der Kirche passiert ihnen dann allerdings wieder und wieder der gleiche Fehler. Sie verachten ihre geringen Anfänge. Davor hatte schon Sacharja in Jerusalem gewarnt. Sie bauen viele Kirchen und erliegen dabei einem fundamentalen Missverständnis: Die Kirche ist kein Gebäude, von Menschenhand und mit Menschenkraft gemacht. Auch die kühnste architektonische Vision, selbst der höchste Turm garantieren uns keine ewige Stabilität, sondern vor allem dauerhafte Baulasten. Denn das Fundament der Kirche ist nicht aus Stein gemacht, sondern aus Geist.

Gebet

Die Kirche ist kein Haus, Gott,
wenn überhaupt, dann ist die Kirche ein Zelt,
ein Unterschlupf für die Nacht,
bevor es weitergeht durch die Welt und die Zeit.
Denn du setzt uns in Bewegung,
du schickst uns in die Welt,
begeistert von dir,
damit wir andere von dir begeistern.

Lied

Gib zu allen Dingen
Wollen und Vollbringen,
führ uns ein und aus;
wohn in unsrer Seele,
unser Herz erwähle
dir zum eignen Haus;
wertes Pfand,
mach uns bekannt,
wie wir Jesus recht erkennen
und Gott Vater nennen.

Benjamin Schmolck, *Schmückt das Fest mit Maien* (EG 135,5)

Erfüllt – die Trinitatiszeit

Eine Zeit wie der Sommer, wenn das Drängen des Frühlings vorbei ist: Die vielen Sonntage nach Trinitatis ziehen sich die liturgische Farbe Grün an. Jetzt kommt eine Zeit ohne große kirchliche Feste, obwohl dies gleichzeitig die Zeit im Jahr sein dürfte, in der am meisten gefeiert wird, vorzugsweise draußen und im Grünen. Das Jahr macht Ferien und wir machen mit, genießen die Fülle und Schönheit des Lebens bei Sommerfesten, Grillabenden und im Urlaub. Etwas später im Jahr – und hoffentlich auch im Leben – kommt dann eine Zeit des Erntens und der Dankbarkeit für alle erlebte und geschenkte Fülle, wenn der Sommer in den Herbst übergeht.

Wie es ist, im Glauben zu leben, darum geht es an den vielen Sonntagen nach Trinitatis, dem Fest der Dreieinigkeit Gottes. Gottes Beziehungsreichtum und Geheimnis werden sichtbar: darin, wie wir unsere Beziehungen zu Gott und zueinander leben. Jesus ist derjenige, der uns auf dem Weg in ein Leben voller Fülle vorangeht. Es ist nicht immer einfach, ihm in allem zu folgen. Oft ist es überraschend, wo dieser Weg einen hinführt. Und meistens stellt Jesus die Ordnungen, nach denen wir normalerweise leben, infrage. Aber im Sommer, draußen im Grünen oder im Urlaub, ist vielleicht auch die Bereitschaft größer, darüber nachzudenken, was das eigene Leben wirklich erfüllt oder was nicht.

Trinitatis

> Die Gnade unseres Herrn Jesus Christus und die Liebe Gottes und die Gemeinschaft des Heiligen Geistes sei mit euch allen! (2. Korinther 13,13)

Dreifach

Drei sind einer zu viel. Oder anders gesagt: Ab drei Personen wird das Leben kompliziert. Es ist schön, aber auch eine Herausforderung, wenn aus zwei Menschen ein Paar wird. Es ist schön und noch herausfordernder, wenn ein Kind, ein dritter kleiner Mensch dazu kommt. Was geschieht eigentlich, wenn zu der Beziehung von zwei Menschen jemand Drittes dazukommt? Nur Wenige erleben das nicht als Bedrohung, wenn es passiert. Sondern als das, was es immer auch ist: ein Wunsch nach mehr Lebendigkeit, nach mehr Möglichkeiten, die Liebe zu leben. Mehr oder weniger traute Zweisamkeit steht immer noch in gutem Ruf, aber Dreierbeziehungen nicht so sehr. Kompliziert, aufwendig, instabil, sehr auf gute Verständigung miteinander angewiesen. Die große Furcht dabei ist, dass eine oder einer doch immer zu kurz kommt. Denn Zweierteams gibt es überall. Aber wer tritt denn freiwillig zu dritt an?

Gottes innere Dreierbeziehung nennt man Trinität. Trinitatis heißt der Sonntag, an dem das gefeiert wird. Dies ist ein abstraktes christliches Fest, denn es gibt in der Bibel keine Geschichte, die davon erzählt wie an Weihnachten, Ostern und Pfingsten. Im Gegenteil: dass der Gott Israels der einzige Gott ist und es keine anderen Götter geben darf, schärft gleich das erste der Zehn Gebote ein. Und dieser Gott ist dann der Vater Jesu Christi – wobei sich durch die Geschichten rund um die Geburt Jesu immer wieder die Frage nach der wahren Vaterschaft Jesu zieht. Vom Heiligen Geist, der zu seinen Freunden kommen wird, hat Jesus selbst immer wieder gesprochen. Christinnen und Christen haben schon früh in der Geschichte der Kirche gemerkt, dass zu ihrem neuen Glauben Gott als Vater, als Sohn und als Heiliger Geist dazugehören. Obwohl die drei nicht auf einen Nenner zu bringen sind, sind sie auch nicht voneinander zu trennen. Es ist wie eines von diesen rätselhaften abstrakten Bildern, in die man immer tiefer hineinblicken kann, ohne seine Strukturen wirklich zu begreifen.

Gott ist ein Gott vielfältiger Beziehungen. Und die sind schon in Gott selbst angelegt. Dieser Beziehungsreichtum nach innen ist der Grund für den Beziehungsreichtum Gottes zu seinen Menschen, die unterschiedlichen Arten, wie Gott Menschen begegnet. Sie sind kompliziert und aufwendig, wenn man anfängt, abstrakt darüber nachzudenken. Aber stabil und mit der Möglichkeit guter Verständigung, wenn es darum geht, Erfahrungen im Glauben zu beschreiben. Es gibt einfach mehr Lebendigkeit und mehr Möglichkeiten, die Liebe Gottes zu erleben in dieser besonderen Dreierbeziehung namens Trinität. Dreifach – und keiner zu viel.

Gebet

Gott, Vater, Sohn und Heiliger Geist,
dein Geheimnis ist Beziehung.
Unsere Weisheit kommt an ein Ende,
unsere Erkenntnis genügt nicht,
um den Reichtum zu erkennen,
den du in dir selbst hast.
Etwas davon kommt zu uns,
wenn du uns begegnest,
wenn wir deine Liebe spüren
in ihren vielen Gestalten.

Impuls

Welcher Unverstand, als sei es die Aufgabe der Theologie, Gottes Geheimnis zu enträtseln, es auf die platten, geheimnislosen menschlichen Erfahrungs- und Vernunftweisheiten herabzuziehen! Während doch allein dies ihr Amt ist, Gottes Wunder als Wunder zu bewahren, Gottes Geheimnis gerade als Geheimnis zu begreifen, zu verteidigen, zu verherrlichen.

Dietrich Bonhoeffer

1. Sonntag nach Trinitatis

> Wer euch hört, der hört mich; und wer euch verachtet, der verachtet mich.
> (Lukas 10,16a)

Unbequem und ausgesandt

Jesus nachzufolgen, bedeutet nicht, nur bequem hinter ihm herzulaufen. 72 Menschen sendet Jesus aus. Sie sollen im ganzen Land vom Frieden reden, Kranke heilen und verkündigen, dass das Reich Gottes nahe ist. Und weil sie noch Anfänger und Lehrlinge in dieser Sache sind, gibt Jesus ihnen sehr genaue Anweisungen, was sie zu tun und vor allem, was sie zu lassen haben. Sie sollen immer zu zweit bleiben. Sie dürfen keinen Geldbeutel, keine Tasche und keine Schuhe mitnehmen. Sie sollen sich wohl nichts kaufen können und sich auch nichts einstecken, sondern essen und trinken, was ihnen jeweils vorgesetzt wird.

Mit ihren nackten Fußsohlen sollen sie empfindlich bleiben für den steinigen Weg, den sie gehen müssen. Und trotzdem abgehärtet. Sie sollen keine Scheu haben, sich die Füße schmutzig zu machen. Und wenn sie mit ihrer Botschaft irgendwo nicht ankommen, dann sollen sie den Staub von ihren nackten Füßen schütteln und einfach weitergehen.

Ein warnender Unterton liegt in all diesen Anweisungen. Das wird kein Spaziergang. So als würde Jesus schon von vornherein damit rechnen, dass seine Botschaft nicht so gut ankommt in den Städten, in die er selbst erst noch gehen will. Es besteht die Gefahr, dass seine Freunde dort abgelehnt und missachtet werden. Aber das liegt dann nicht an ihnen, sondern an der Botschaft, mit der sie unterwegs sind. Die wird nicht überall gerne gehört und angenommen.

Ein erster Versuch in der aktiven Nachfolge ist das. Und die 72 kommen zurück, wie man manchmal zurückkommt nach einem ersten Versuch. Vor allem, wenn er gelungen ist. Sie sind voller Freude über das, was sie erreicht haben: Sie haben Dämonen ausgetrieben in Jesu Namen. Das war mehr, als sie erwartet haben. Nur leider kein Wort davon, ob ihnen gelungen ist, wozu sie eigentlich ausgesandt waren: den Frieden bringen, Kranke heilen, das Reich Gottes verkündigen, Menschen zum Glauben zu bringen. Es ist ihnen gegangen, wie es manchen geht, die engagiert für eine Sache unterwegs sind. Dass man sich lieber auf das Spektakuläre stürzt und darüber das Alltägliche vergisst.

Es ist ein unbequemer Weg, sich Zeit zu nehmen, in jedes einzelne Haus zu gehen, barfuß und bedürftig zu sein, essen zu müssen, was man gerade vorgesetzt bekommt und auch Desinteresse und Ablehnung ganz gelassen abzuschütteln wie den Staub von den Füßen. Wie steinig der Weg ist, merkt man erst so richtig, wenn man ihn geht. An den empfindlichen Stellen an den Füßen und auch im Herzen, die immer ohne Hornhaut bleiben. Der Weg in der Nachfolge Jesu ist unbequem. Ausgesandt zu werden, bedeutet, die eigene Komfortzone zu verlassen. Besser, man geht nicht allein.

Gebet

Wir haben uns das anders vorgestellt, Jesus,
das mit der Nachfolge
und nicht geahnt, wie mühsam es manchmal ist.
Höfliches Desinteresse, leises Kopfschütteln,
manchmal auch offene Ablehnung
begegnet uns, wenn wir von unserem Glauben sprechen.
Schenk uns Gelassenheit im Umgang damit,
lass uns zugewandt und offen bleiben.

Impuls

Ein Christentum ohne den lebendigen Jesus Christus bleibt notwendig ein Christentum ohne Nachfolge, und ein Christentum ohne Nachfolge ist immer ein Christentum ohne Jesus Christus.

Dietrich Bonhoeffer

2. Sonntag nach Trinitatis

Kommt her zu mir, alle, die ihr mühselig und beladen seid;
ich will euch erquicken.
(Matthäus 11,28)

Beladen und erquickt

Was wissen wir noch über ein Joch, seit es keiner mehr dampfenden Tieren auflegen muss? Es gibt heute Maschinen dafür, Traktoren und Pflüge, die den härtesten Boden in kürzester Zeit aufbrechen können. Viele wissen gar nichts mehr davon, wie und wo unser tägliches Brot erzeugt wird. Wie an anderen Orten, weit weg von der Stadt, die Kornfelder wogen, noch grün jetzt im Juni, und was alles von der Saat bis zur Ernte auf diesen Feldern zu tun ist.

Was wissen wir noch von dem Joch, seit wir alle etwas ganz anderes tun? Nichts eigentlich … und alles. Man spürt es doch, im Rücken und im Nacken, immer im Nacken, gerade nach einem Tag am Schreibtisch. Als habe da ein Joch gelegen, so fühlt es sich an. Und das ist ja nur der Alltag und die Arbeit. Das sind noch nicht die anderen Lasten, alles, was drückt und plagt, was einem auferlegt wird, womit wir beladen sind, ohne dass uns jemand fragt, ob wir das alles überhaupt tragen können.

Jedes Leben hat seine Last. Sie liegt auf mir wie ein unsichtbares Joch, manchmal noch erträglich, manchmal sehr schwer, je nachdem. Was ein anderer Mensch gerade zu tragen hat, kann ich nicht wissen. Und ich könnte es ihm oder ihr auch nicht abnehmen, selbst wenn ich es wollte. Unwillig und ungeschickt stolpere ich durch solche Zeiten im Leben, angetrieben wie von einer unsichtbaren Hand.

Unwillig und stolpernd geht es manchmal voran im Leben, und das hinterlässt seine Spuren. Es gräbt tiefe Furchen. Jesus wartet auf alle, die so in ihren Herzen ackern. „Kommt zu mir, ich will euch erquicken“, sagt er. Und dann ist mir, als stünde hinter Jesus dieser Hirte, der meine Seele erquickt, wie es in Psalm 23 heißt. Auch so eine ländliche Gestalt, nicht aus dem Ackerbau, mehr aus der Viehzucht. Aber obwohl ich weder Joche noch Hirten wirklich kenne, fühle ich, was für eine Kraft in ihnen liegt. Komm her, nimm mein Joch, lerne von mir, sagt Jesus. Ich trage es mit dir, denn ich kenne das alles. Mich haben sie abgeführt und vorwärtsgetrieben, wie man Vieh treibt. Ich habe die Schläge gespürt auf dem Rücken und das Holz auf der Schulter. Ich bin diesen Weg genauso unwillig und stolpernd gegangen, wie du die Wege gehst, die du nicht gehen willst. Mein Joch ist eine Last, die Lasten leicht macht. Es gibt einen, der trägt mit dir und geht mit dir, behütet und begleitet dich auch auf den mühsamen Wegen und durch die dunklen Täler. Damit du neue Kraft bekommst. Und damit es für dich weitergeht bis zu den grünen Auen und ans frische Wasser.

Gebet

Wie gut es ist, jemanden zu haben,
der das Schwere mitträgt;
das erleben wir mit dir, Jesus.
Lass uns da sein für die,
die zu tragen haben.
Lass uns an ihrer Seite sein
und mit ihnen gehen.

Lied

Kommt her zu mir, spricht Gottes Sohn,
all die ihr seid beschweret nun,
mit Sünden hart beladen,
ihr Jungen, Alten, Frau und Mann,
ich will euch geben, was ich han,
will heilen euren Schaden.

Georg Grünwald, *Kommt her zu mir, spricht Gottes Sohn* (EG 363,1)

3. Sonntag nach Trinitatis

Der Menschensohn ist gekommen, zu suchen und selig zu machen, was verloren ist. (Lukas 19,10)

Verloren und gefunden

Die Mitte des Jahres ist ungefähr erreicht. Und die Mitte der Geschichte von Jesus, wie Lukas sie erzählt, auch. Da stehen die Geschichten von den verlorenen Tieren, Dingen und Menschen. Egal wer oder was und warum es verloren geht: Diese Geschichten machen alle unruhig. Vor allem diejenigen, die sich nicht verloren fühlen. Sie finden es sehr unverantwortlich von diesem Hirten, seine ihm anvertraute Herde so allein zu lassen, um das eine verlorene Schaf von hundert zu suchen. Ein bisschen hysterisch von der Frau, wegen eines Groschens von zehn so einen Aufstand zu machen. Und furchtbar ungerecht von dem Vater, den jüngeren Taugenichts feierlich wieder willkommen zu heißen. Während der brave ältere Bruder offenbar so selbstverständlich genommen wird wie die Luft zum Atmen. Wenn das alles wirklich Geschichten von Gott sind, dann ist Gott sehr unverantwortlich, ein bisschen hysterisch und furchtbar ungerecht.

In Lukas' Geschichten von den verlorenen Schafen, Groschen und Söhnen geht es nicht um Schafe, Groschen und Söhne. Es geht um den Rest, der leider die Mehrheit ist: um die 99 anderen Schafe, um die neun Groschen, um den älteren Bruder. Es geht um die, die nur die Mehrheit sein können. Weil sich schließlich alle für verantwortlich, vernünftig und gerecht halten. Aber anscheinend können sie es nicht sein, ohne doch irgendwie auf eine Belohnung dafür zu schielen.

Geht es um uns? Oder sogar um mich? Diese Geschichten, besonders die vom verlorenen Sohn, rütteln an allen Berechenbarkeiten, auf die ich in meinem Leben setze. Sie zerreißen alle meine ungeschriebenen, heimlichen Verträge:

Wenn ich mich so und so verhalte, dann bekomme ich irgendwann einmal dies oder das.

Ich denke an die Bilder von Gott, die Lukas in Geschichten ausmalt. An diesen unverantwortlichen, hysterischen und ungerechten Gott. So ist Gott, weil er uns Menschen nachgeht und niemanden in die Wüste schickt, verloren gehen lässt oder abschreibt. So handelt Gott, weil er uns Menschen liebt. Und seine Liebe ist wie alle Liebe unberechenbar.

Jesus hat sich nie besonders für die Mehrheit und für deren – echte oder auch nur vorgebliche – Verantwortlichkeit, Vernunft und Gerechtigkeit interessiert. Alle unsere menschengemachten Berechnungen wirft er über Bord. Und damit auch viel von der Sicherheit, die sich insgeheim alle wünschen, die glauben. Jesus war mit seinem Herzen und seinem Handeln immer bei den Wenigen, den Kleinen, bei denen am Rand. Bei jedem Menschen, der sich wiederfinden lässt. *Dann ist Freude im Himmel bei den Engeln.* Und wenn ich selbst einmal nicht zur Mehrheit gehöre, wenn mich das Schicksal oder mein eigener Wille oder meine Fehler oder alles zusammen verloren gehen lassen, dann geht Gott mir nach und bückt sich nach mir und kommt mir entgegen. Wie der Hirte, wie die Frau, wie ein guter Vater: damit ich gefunden werde.

Gebet

Wo wir verlorengehen, da findest du uns, Gott,
wo wir vor uns selbst weglaufen, gehst du uns nach,
und wo wir umkehren, kommst du uns entgegen.
Wie groß deine Liebe zu uns ist,
das erfahren wir dann,
wenn wir sie am meisten brauchen.

Lied

Wenn ein Schaf verloren ist,
suchet es ein treuer Hirte;
Jesus, der uns nie vergisst,
suchet treulich das Verirrte,
dass es nicht verderben kann:
Jesus nimmt die Sünder an.

Kommet alle, kommet her,
kommet, ihr betrübten Sünder!
Jesus rufet euch, und er macht
aus Sündern Gottes Kinder.
Glaubet's doch und denket dran:
Jesus nimmt die Sünder an.

Erdmann Neumeister, *Jesus nimmt die Sünder an* (EG 353,3+4)

4. Sonntag nach Trinitatis

Einer trage des andern Last, so werdet ihr das Gesetz Christi erfüllen. (Galater 6,2)

Getragen und erfüllt

Ich wusste immer schon, dass es eine ernste Sache ist. Bei uns im Bücherregal ganz oben stand eine Bibel, schlank, schwarz und würdig. Vorne auf dem ersten Blatt waren ein Datum, ein Siegel und handschriftlich ein Spruch eingetragen: „Einer trage des andern Last." Der Trauspruch meiner Eltern. Ihre Traubibel. Ab und zu wurde sie heruntergeholt. Und bevor wir Kinder sie aufschlugen, wurde uns der Spruch noch einmal gezeigt. Besonders gebückt sahen meine Eltern eigentlich nicht aus von diesem Lastentragen. Aber das war wohl eine ernste Sache mit dem Heiraten, dachte ich als Kind. Und später merkte ich dann, dass ich damit gar nicht so falsch lag. Es ist eine ernste Sache mit Beziehungen zwischen Menschen. Und es hat auch etwas mit Lasten zu tun.

„Einer trage des andern Last", schreibt Paulus. Er hätte bestimmt lieber Liebesbriefe geschrieben an die Menschen, die er so gut und schon so lange kannte. Konnte er aber nicht. Es hatte Streit gegeben in den christlichen Gemeinden. Hinfahren und mit ihnen über alles sprechen kann Paulus nicht. Er muss ihnen also schreiben. Auch auf die Gefahr hin, dass sie seinen Brief gar nicht lesen oder nach der Hälfte einfach weglegen. Und er hat nichts anderes als Worte auf dünnem Papier. Er muss hoffen, dass das Papier irgendwie alles mit aufsaugt wie die Tinte. Seine Liebe zu ihnen und seine Mühe mit ihnen.

Das mit den Lasten meint Paulus wirklich so ähnlich wie in einer Ehe oder in einer Beziehung, wenn es mal schwer wird und man füreinander da sein muss. Da kann man ja auch nicht sagen: Jetzt will ich lieber ohne dich sein. Dann merkt man, dass der andere doch keine Last *ist*. Aber er *hat* gerade eine Last. Und die muss ich nun mittragen. Wenn man merkt, dass man füreinander da sein kann, ist das nicht bloß schwer, sondern auch erfüllend.

„Einer trage des andern Last." Das steht über allen biblischen Geschichten und über allen Briefen. Anders ausgedrückt: „Liebe deinen Nächsten wie dich selbst." Dieser Satz wird so oft infrage gestellt. So als gäbe es überhaupt keine Nächsten mehr, sondern nur noch Fremde, die etwas von uns wollen. Als wären alle, die Hilfe brauchen, bloß eine schreckliche Last, unter der wir demnächst alle zusammenbrechen werden.

Paulus spricht vom Gesetz Christi. Es besteht nur aus diesem einen Satz: „Liebe deinen Nächsten wie dich selbst." Anders als den Menschen, den man heiraten möchte, kann man sich seine Nächsten aber nicht aussuchen. Nächstenliebe ist Liebe für Fortgeschrittene. Sie beginnt da, wo ich begreife: Ein Mensch, der mich braucht, ist keine Last, sondern mein Nächster oder meine Nächste. Und es ist erfüllend, füreinander da zu sein.

Gebet

Nächste und Nächster sein
ist nichts, was wir uns aussuchen könnten,
was wir tun, wenn es uns gerade passt,
wenn die Zeit da ist und die Kraft.
Jesus, du lehrst uns eines:
Da zu sein, wenn wir gebraucht werden,
und nicht zu zögern oder zu hoffen,
dass sich schon jemand anders kümmern wird.
Gib du uns Tatkraft und Mut.

Impuls

Glücklich der Mensch, der seinen Nächsten trägt in seiner ganzen Gebrechlichkeit, wie er sich wünscht, von jenem getragen zu werden in seiner eigenen Schwäche.

Franz von Assisi

5. Sonntag nach Trinitatis

Aus Gnade seid ihr gerettet durch Glauben, und das nicht aus euch: Gottes Gabe ist es.
(Epheser 2,8)

Berufen und befreit

Das größte Problem für die Botschaft sind manchmal die, die sie überbringen. Die Bibel ist voll von Geschichten von Menschen, die sich nicht dafür geeignet halten, etwas von Gott weiterzusagen. Das beginnt mit den Propheten im Alten Testament, von denen keiner gerne und freudig den Auftrag annimmt, der von Gott kommt. Ihr stärkstes Argument dagegen ist immer ähnlich. Und es ist zugleich auch das ehrlichste: Ich halte mich einfach selbst nicht für geeignet dazu. Ich bin zu jung, ich kann nicht gut reden, ich wirke nicht überzeugend.

Sobald Gottes Berufung auf einen Menschen trifft, scheint sie vor allem Selbstzweifel auszulösen. Vielleicht ist das ein guter Maßstab, den man an sich selbst anlegen kann: Wer sich – wozu auch immer – berufen und dabei ganz und gar wohl in seiner Haut fühlt, sollte einmal kurz innehalten und seine Beweggründe kritisch überprüfen. Denn zur eigenen Glaubwürdigkeit gehört ein kritischer Blick auf sich selbst.

Es gibt in der Bibel wohl niemanden, der das ungeschönter und offener zum Ausdruck gebracht hat als Paulus. Immer wieder spricht er in seinen Briefen davon, wie er von denen angegriffen wird, die so viel überzeugender wirken als er. Und die Enttäuschung der Menschen, die sich ihn als Apostel irgendwie eindrucksvoller und charismatischer vorgestellt hatten, ist immer noch zwischen den Zeilen herauszuhören.

Paulus hat darunter gelitten, dass er selbst als Person nicht so gut ankam, wie er es sich um des Evangeliums willen gewünscht hätte. Aber er gewinnt aus all den Anfeindungen und Selbstzweifeln ein neues, anderes Selbstbewusstsein. Es gibt nämlich eine Entsprechung zwischen der Botschaft und ihren Botinnen und Boten. Dass sie schwach sind oder sich schwach fühlen, stimmt überein mit der Botschaft, die Gott an die Welt und die Menschen ausrichtet. Denn was Gott durch Menschen mitteilen lässt, passt alles nicht zu den Maßstäben der Welt. Es widerspricht ihr sogar offen.

Schon die Propheten haben sich bei niemandem beliebt gemacht, wenn sie Recht und Gerechtigkeit einforderten oder zum Frieden mahnten. Und erst recht nicht Jesus, der die Maßstäbe noch ein bisschen weiter in eine Richtung verschoben hat, die selbst seine Freunde nicht mehr nachvollziehen konnten: Verzicht auf Besitz und Macht, Nächsten- und Feindesliebe, Gewaltlosigkeit. Und Jesus war dabei so glaubwürdig, dass er am Ende dafür sterben musste. So schwach und darin gleichzeitig stark. Und wer sich berufen fühlt, von ihm zu sprechen, kann befreit auf die eigenen Schwächen sehen.

Gebet

Du hast uns berufen, Gott,
jede und jeden.
Nicht damit wir ganz anders werden, als wir sind,
sondern damit wir die werden, die wir sind.
Lass uns darauf vertrauen.

Impuls

Jede Art Berufung ist bedeutsam und nötig, damit das Gewissen gewiss sei.

Martin Luther

6. Sonntag nach Trinitatis

So spricht der HERR, der dich geschaffen hat, Jakob, und dich gemacht hat, Israel: Fürchte dich nicht, denn ich habe dich erlöst; ich habe dich bei deinem Namen gerufen; du bist mein!
(Jesaja 43,1)

Benannt und gemeint

Wer seinen Namen hört, weiß: Ich bin gemeint. Dafür muss der eigene Name nicht besonders ungewöhnlich sein. Es ändert sich ja nichts daran, dass man aufhorcht, wenn er genannt wird. Auch in einer Schulklasse mit mehreren Emilias oder Noahs. Das war auch nicht anders, als es noch Renates oder Günthers waren, oder welche Namen auch immer gerade die Beliebtheitsskala anführten.

Bei der Taufe ist es der ergreifende und schönste Moment für mich, wenn der Name des Täuflings genannt wird und ich dann das Wasser über die Stirn fließen lasse. Ein spürbares Zeichen dafür, dass wir unseren Namen nicht nur wegen des Geschmacks unserer Eltern tragen. Sondern auch, weil Gott jede und jeden von uns gewollt und geschaffen hat, einzigartig und besonders, selbst bei äußerer Namensgleichheit. Wir werden bei unseren Namen genannt, wenn Gott uns und unser Leben segnet. Zum ersten Mal bei der Taufe, dann vielleicht bei der Konfirmation oder der Hochzeit, an allen wichtigen Lebensstationen. Und ein letztes Mal an unserem Grab. Als Ausdruck dafür, wie wunderbar und einzigartig wir gemacht sind. Und auch dafür, dass unser ganzes Leben von der Liebe Gottes durchdrungen ist. Selbst der Tod trennt uns nicht davon.

Der Prophet Jesaja muss das Volk Israel trösten, und natürlich nennt er als Ausdruck von Gottes inniger Zuwendung und direkter Ansprache Namen dabei. Den anderen beim Namen zu nennen, bei seinem eigenen Namen genannt zu werden, das bedeutet: Du bist ge-*mein*-t. Du bist mein geworden, dadurch, dass ich dich beim Namen nenne. Du gehörst zu mir. Bei den Namen Jakob und Israel erinnern sich alle, die sie hören, an die Lebensgeschichte von Jakob. Um den Segen für sich und sein Leben hat er sehr lange gekämpft. Es hat nicht funktioniert, ihn sich zu erschleichen, ihn sich eigenmächtig zu beschaffen. Und es gab lange Wegstrecken, während derer Jakob gar nichts mehr vom Segen Gottes gespürt hat. Am Ende hat er mit Gott gekämpft und gerungen. Er hat den Segen bekommen und einen neuen Namen: Israel.

Zwischen diesen beiden Namen, die da genannt werden, spannt sich eine Geschichte mit Gott. In Jakobs eigenem Leben, aber auch im Leben des ganzen Volkes Israel. Als sie diese Worte hören, fühlen sie sich gerade überhaupt nicht gesegnet. Sie leben im Exil in Babylonien. Es ist unsicher, ob sie die Rückkehr in ihre Heimat noch erleben werden. Aus dieser Hoffnungslosigkeit werden sie herausgerufen und bei ihrem Namen genannt. Damit sie wissen: Wir sind gemeint. Und egal, wo wir sind, gehören wir zu Gott. Wenn wir getauft werden, tauchen wir in dieses Versprechen mit ein.

Gebet

Beim Namen genannt, horchen wir auf,
beim Namen genannt, fassen wir Vertrauen
und wissen, wir sind gemeint.
Du nennst uns bei unseren Namen, Gott,
damit wir dich hören und dir vertrauen.

Lied

Herr Christ, dein bin ich eigen:
von Anbeginn der Welt,
dein Güte zu erzeigen,
hast du mich auserwählt
und mich auch lassen nennen
nach deinem Namen wert;
den will ich auch bekennen
forthin auf dieser Erd.

Christiana Cunrad, *Herr Christ, dein bin ich eigen* (EG 204,1)

7. Sonntag nach Trinitatis

So seid ihr nicht mehr Gäste und Fremdlinge,
sondern Mitbürger der Heiligen und Gottes Hausgenossen.
(Epheser 2,19)

Genährt und gelassen

Wie viel Brot war das wohl im Lauf der Jahre? Der knusprig warme Toast, all die Frühstücksbrötchen, ungezählte Schulbrote, die langweiligen Stullen und die schönen Sandwiches? Manchmal stehe ich morgens früh in der Küche und schneide am Brotkanten herum, sodass es noch fürs Schulbrot reicht. Und denke daran, ob es eigentlich gereicht hat – nicht nur das Brot. Ob es das ist? Die Morgen, die sich gleichen, die Abende am Tisch? Die Brote belegt mit Salami und Käse und Lachen und Sorgen und manchmal auch mit Streitereien? Der Kanten, den keiner mehr essen will und die Scheiben, die sich trocken im Korb krümmen? Auch das ist doch Brot, Alltagsbrot. Es schmeckt nicht gerade wie Brötchen mit Honig. Es geht immer wieder zu Ende.

Jeden Morgen war Brot da. Die Männer, Frauen und Kinder des Volkes Israel mussten sich danach bücken auf ihrer Wanderung durch die Wüste. Es war rund und klein und immer, wenn sie es einsammelten, haben sie für einen Augenblick die Wüste um sich herum vergessen und den Weg und die Jahre, die alle noch vor ihnen lagen.

Ich möchte das auch können: Jeden Tag gelassen nehmen, was kommt. Vertrauen, dass etwas da sein wird. Sorgfältig aufsammeln und dann satt sein und zuversichtlich für den nächsten Tag. Und die Wüste vergessen und den Weg und die Jahre. Aber ich war ja damals in der Wüste nicht dabei. Und auch nicht am See, als es Brot gab für alle. Ich habe das Kind nicht gesehen mit den fünf Broten und den zwei Fischen und nachher die zwölf Körbe mit dem, was noch übrig war, als alle längst schon satt waren.

Ich habe weder das Wunder gesehen noch die Reste des Wunders. Ich stehe in der Küche und streiche Brote für mich und für andere, die aufgegessen werden an jedem Tag. Und ich hoffe so sehr, dass es über die Jahre reicht.

Auch die Augenzeugen des Wunders waren satt, aber sicher waren sie trotzdem nicht. Sie fragen Jesus weiter nach Brot. Und plötzlich sind sie gar nicht so weit weg von mir. Es ist ein anderer Hunger, den wir haben, ein anderer als der, den ein leerer Magen verursacht. Ein Hunger nach Gelassenheit, Vertrauen, Hoffnung, durch alle Wüsten im Leben, auf allen Wegen, durch alle Jahre.

„Ich bin das Brot des Lebens", sagt Jesus. Und es gibt keinen Unterschied zwischen dem, was ich bin und dem, was ich gebe. Ich bin das Korn, das in die Erde gefallen und gestorben ist und begraben wurde und Frucht bringt. Ich bin das Korn und der Weizen, geschnitten und gemahlen, um Brot zu werden. Ich bin eure Gelassenheit, euer Vertrauen, eure Hoffnung. Und ihr alle seid zu Gast an meinem Tisch.

Gebet

Was uns wirklich satt macht,
was das Herz füllt und die Seele –
wir spüren, wie es uns fehlt, Gott.
Gib uns mehr als unser täglich Brot,
nähre unsere Gelassenheit, unsere Hoffnung
und unser Vertrauen.

Lied

Lobet den Herrn und dankt ihm seine Gaben,
die wir aus Gnad von ihm empfangen haben,
jetzt an dem Tisch und sonst an allen Enden,
wo wir uns wenden.

Bartholomäus Ringwaldt,
Lobet den Herrn und dankt ihm seine Gaben (EG 460)

8. Sonntag nach Trinitatis

Wandelt als Kinder des Lichts,
die Frucht des Lichts ist lauter Güte und Gerechtigkeit und Wahrheit.
(Epheser 5,8b-9)

Licht und wahrhaftig

„Ihr seid das Salz der Erde, ihr seid das Licht der Welt“, sagt Jesus in der Bergpredigt. Im Urlaub am Meer denke ich daran und es fällt mir leicht, mit diesen Worten etwas anzufangen. Salz und Licht umgeben uns, Salz im Wasser, Salz in der Luft. Und das helle Licht über dem Wasser. Ein Sommer am Meer macht mich schon nach ein paar Tagen zu einem Menschen von Salz und Licht. Ich will das mit nach Hause nehmen. Wenn ich wieder zu Hause bin, finde ich in der Strandtasche immer noch ein bisschen hellen, feinen Sand. Es könnten fast Salzkörner sein. Ich würde sie gerne über meinen Alltag streuen, dorthin, wo das Salz bloß auf die Kartoffeln gehört und das Licht aus der Schreibtischlampe kommt.

In einem Sommer am Meer wird es leicht, sich vorzustellen, wo diese Worte zum ersten Mal gesagt wurden. Denn da war ein salziges Meer unter einer noch helleren Sonne. Jesus wandert durch das Land mit den Menschen, die mit ihm gehen wollen. „Ihr seid das Salz der Erde. Ihr seid das Licht der Welt.“ Jesus musste ihnen nichts weiter erklären. Das verstehen sie alle. Salz ist kostbar. Es wird nicht nur zum Würzen gebraucht, sondern auch zum Haltbarmachen der Lebensmittel. Und das Licht? Sie wandern unter einer helleren Sonne. Und auch ihre Nacht ist dunkler. Weit leuchtet der Schein der Lampe aus den Fenstern eines Hauses ins Land hinein.

Salz der Erde, Licht der Welt? Sind das bloß noch Worte, etwas fade geworden und über die Zeiten heruntergedimmt? Salz gehört doch auf die Kartoffeln und das Licht kommt meistens aus der Schreibtischlampe. Es ist doch genug, Beziehungen, Familie, die Arbeit, den Alltag und alles andere im Leben hinzubekommen. Wer nur so durchs Land wandert, ohne Alltag und ohne Pflichten, der hat gut reden. Salz und Licht. Ich spüre das höchstens im Urlaub am Meer.

Aber es stimmt auch, dass da noch mehr ist, helle, feine Körner, manchmal ganz unten am Boden oder in den Ritzen. In jedem Leben ist Salz und Licht. Ein anderer Geschmack und eine andere Sichtweise. Und gerade jetzt ist es so wichtig wie lange nicht, dass die Welt auf einen neuen Geschmack kommt und auf andere Sichtweisen.

Wenn ihr mit mir geht, werdet ihr zu Menschen von Salz und Licht, sagt Jesus. Ihr werdet ein Gewürz, das die Welt braucht, und ein Licht, das sie heller macht. Die Welt wird besser durch euch. Und wenn ihr euch dabei trotzdem kraftlos und unscheinbar vorkommt, dann denkt daran, was ich auch noch zu euch gesagt habe, da auf dem Berg: Arm und traurig, gewaltlos, auf der Suche nach Gerechtigkeit, barmherzig und reinen Herzens, friedfertig, ohne Macht und Einfluss, manchmal verspottet und verfolgt – so sind die Menschen von Salz und Licht. Aber immer wahrhaftig.

Gebet

Wenn wir uns kraftlos und ausgebrannt fühlen,
kommst du mit deinem Wort, Jesus.
Du sagst: Ihr seid das Salz mit seiner Kraft,
ihr seid das Licht mit seinem Schein.
Hilf uns zu werden,
was wir für dich schon sind.

Lied

Treib unsern Willen,
dein Wort zu erfüllen;
hilf uns gehorsam wirken deine Werke;
und wo wir schwach sind, da gib du uns Stärke.
Lobet den Herren!

Paul Gerhardt, *Lobet den Herren alle, die ihn ehren* (EG 447,8)

9. Sonntag nach Trinitatis

Wem viel gegeben ist, bei dem wird man viel suchen;
und wem viel anvertraut ist, von dem wird man umso mehr fordern.
(Lukas 12,48b)

Sicher und gewagt

In fast jedem Sommer sind unerwartete Regengüsse und Sturzbäche ein Thema. Die Camper können einem besonders leidtun. Aber auch Hausbesitzer haben damit zu tun. Regengüsse, Sturzbäche, matschige Zeltböden, absackende Burgen aus Sand, nasse Keller: Alles eine Frage des Fundaments.

Worauf baust du?, fragt der Sommer manchmal. Das ist eine Frage für das Leben. Jesus erzählt dazu eine sehr kurze Geschichte. Auf das Fundament kommt es darin an, weil es festen Halt gibt. Wenn das wegrutscht, was das Leben tragen soll, dann fragt man sich: Worauf habe ich eigentlich gebaut? Die Frage nach dem Fundament stellt sich dann, wenn es angegriffen wird. Dann haben wir das Gefühl, dass dieses Leben am Ende nicht mehr ist als eine Sandburg: kunstvoll gebaut und doch ohne Halt, wenn die Wasser steigen.

Worauf baust du? Was trägt dich, was macht dich sicher? „Wer meine Worte hört und danach handelt, der ist klug", sagt Jesus. Diese Worte sind eindeutig, so, wie es sich alle wünschen: Selig seid ihr, wenn ihr arm und traurig, ohnmächtig, idealistisch, barmherzig, friedlich und angefochten seid. Aber wer will das schön hören, wer will denn so sein? Eine Zumutung ist das! Aber Jesus bleibt dabei. Und er kann ja schließlich Wasser in Wein verwandeln, Sturm in Stille und Tod in Leben. Auch Sand in Felsen und törichte Menschen in kluge.

Es kann so schnell gehen, dass ein Fundament zerbricht, in jedem Leben. Und dann ist es gut zu wissen, was das Wichtigste ist, worauf ich wirklich baue. Keiner von uns soll die ganze Zeit arm, traurig, ohnmächtig, idealistisch, barmherzig, friedlich und angefochten sein. Das meint Jesus nicht. Aber ihm folgen heißt: richtig einschätzen, was unser Leben trägt.

Damit erhält man eine Sicherheit, die es auch möglich macht, etwas zu wagen, etwas einzusetzen, vielleicht sich selbst. Wie die Menschen in der anderen Geschichte, die auch zu diesem Sonntag gehört. Es geht darum, was wir aus diesem Fundament machen. Ob wir es glauben, dass Gott uns liebt, auch wenn wir uns immer so angefochten fühlen. Dass wir richtig sind mit allem, was uns gegeben wurde an Gaben und Kräften. Damit das ewige Vergleichen untereinander aufhört und die Angst, nicht gut genug zu sein.

Der Mensch in dieser Geschichte begräbt nicht einen Zentner helles Silber in der dunklen Erde. Er begräbt vielmehr das Vertrauen, geliebt zu sein. Er beerdigt den einen großen Wunsch: dass es jemanden gibt, der uns liebt, so wie wir sind. Es ist die eigene Angst, das fehlende Vertrauen, das ewige Vergleichen mit den anderen. Das macht das Leben kaputt. Und es ist genauso sinnlos, wie das Vergraben von Silber in der Erde und das Warten, dass es dadurch mehr wird. Denn das Leben wächst aus Liebe und Vertrauen und nicht aus Angst. Und wer liebt und vertraut und wagt, der gewinnt.

Gebet

Gott, wir bitten dich für unser Leben.
Du weißt, worauf wir tief im Herzen bauen,
worauf wir uns verlassen.
Auch, wonach wir suchen und was uns fehlt.
Wenn etwas ins Wanken gerät,
wenn uns das Zutrauen fehlt,
dann sei du unser Halt.

Lied

Wer nur den lieben Gott lässt walten
und hoffet auf ihn allezeit,
den wird er wunderbar erhalten
in aller Not und Traurigkeit.
Wer Gott, dem Allerhöchsten, traut,
der hat auf keinen Sand gebaut.

Sing, bet und geh auf Gottes Wegen,
verricht das Deine nur getreu
und trau des Himmels reichem Segen,
so wird er bei dir werden neu.
Denn welcher seine Zuversicht auf Gott setzt,
den verlässt er nicht.

Georg Neumark, *Wer nur den lieben Gott lässt walten* (EG 369,1+7)

10. Sonntag nach Trinitatis

Wohl dem Volk, dessen Gott der Herr ist,
dem Volk, das er zum Erbe erwählt hat!
(Psalm 33,12)

Erwählt und verpflichtet

Der Tag ist bekannt, an dem es angefangen hat mit der Liebe zwischen Gott und seinem Volk. Denn alle Liebenden können den Tag nennen, an dem es angefangen hat zwischen ihnen. Ein Tag, gemerkt, angestrichen, herausgehoben, gefeiert aus all den Tagen und Jahren, aus denen ein Leben gemacht ist. Und wie jede Liebe hat auch die zwischen Gott und seinem Volk eine Geschichte.

Gott hat Israel befreit und gerettet aus der alltäglichen Sklaverei in Ägypten. Jede Liebe tut das. Sie nimmt uns heraus aus dem Alltag und seinen Pflichten. Sie rettet uns vor dem ewigen Immer-so-Weiter, unterbricht es, beendet und beginnt neu. Die Geschichte von ihrem gemeinsamen Anfang können alle Liebenden erzählen. Und immer verschwinden die Jahre aus ihren Gesichtern dabei, wenn sie davon sprechen, wann und wo es war. Der Tag ist bekannt und der Ort in der Wüste gegenüber dem Berg. Und darin und davor ist die Geschichte vom Anfang des Volkes Israel mit Gott. Dort haben sie die Gebote bekommen. Die waren aber keine Voraussetzung für die Liebe Gottes, sie sind aus ihr entstanden.

Und als sie weggegangen sind von dem Berg, hat Israel die Gebote mitgenommen auf den Weg durch die Zeit. Mit ihnen kommt Gottes Liebe und Menschenfreundlichkeit in die Welt. Und irgendwann war es dann Zeit, dass sie sich noch weiter ausbreitet unter den Menschen, die nicht von Geburt an zu Gottes Volk gehören.

Die Geschichte von Jesus Christus beginnt mit seiner Geburt in Bethlehem, in der Stadt Davids. Sie ist unauflöslich verwoben mit all den Geschichten davor. Seine Geschichte unterbricht diese und beginnt neu. Aber sie beendet nichts. Sie setzt fort, was schon lange begonnen hat.

Und so kommt auch Jesus eines Tages an einen Berg. Bei ihm ist sein kleines Volk aus Menschen, die ihm schon vertrauen, und die mit ihm gekommen sind. Er hat sie herausgeholt aus ihrem Alltag voller Fischgeruch und kaputten Netzen, vom Ufer des Sees und von den Rändern der Gesellschaft und des Lebens. Weil die Liebe Gottes nichts von Menschen verlangt. Weil sie unerklärlich ist wie jede Liebe und keine Bedingungen kennt.

Aus der Geschichte von Jesus wurde immer wieder herausgelesen, dass er etwas beendet hat und mit ihm etwas Neues beginnt. Weil Menschen die Liebe Gottes viel zu klein denken. Aber mit der Liebe ist es doch nicht so, dass sie sich nur auf einen Menschen oder eine Sache allein richtet. Ihre Kraft ist überwältigend und überraschend. Warum sollte es bei Gott anders sein? Warum sollte Gott seine erste Liebe ganz und gar vergessen? Nicht einmal uns gelingt das doch.

Wer da an dem Berg bei Jesus stehen will, steht auch an dem anderen Berg in der Wüste Sinai und hat die gleichen Gebote bekommen wie damals Israel, die man an den Fingern abzählen kann, die sich so einfach zusammenfassen lassen und doch so schwer sind: „Du sollst den Herrn, deinen Gott, lieben von ganzem Herzen, von ganzer Seele, von ganzem Gemüt und mit all deiner Kraft und deinen Nächsten wie dich selbst."

Gebet

Gott, du hast dir dein Volk erwählt,
weil deine Liebe ein Gegenüber sucht,
weil du dich an die Menschen bindest und sie befreist.
Durch Jesus erfahren wir – die Menschen aus allen Völkern –,
wie groß deine Liebe ist, dass sie uns mit hineinnimmt in deinen Bund,
damit auch wir dich lieben können,
von ganzem Herzen, von ganzer Seele und mit all unserer Kraft.

Lied

Nun danket Gott, erhebt und preiset
die Gnaden, die er euch erweiset,
und zeiget allen Völkern an
die Wunder, die der Herr getan.
O Volk des Herrn, sein Eigentum,
besinge deines Gottes Ruhm.

O seht, wie Gott sein Volk regieret,
aus Angst und Not zur Ruhe führet.
Er hilft, damit man immerdar
sein Recht und sein Gesetz bewahr.
O wer ihn kennet, dient ihm gern.
Gelobet sei der Nam des Herrn.

Johannes Stapfer, *Nun danket Gott, erhebt und preiset* (EG 290,1+7)

11. Sonntag nach Trinitatis

Gott widersteht den Hochmütigen,
aber den Demütigen gibt er Gnade.
(1. Petrus 5,5b)

Demütig und hingebungsvoll

Im Haus von Simon, dem Pharisäer, soll einer zu Gast sein. Deswegen ist die Frau gekommen. Sie spürt: Ihr Leben hat sich bis jetzt nur in einer Hinsicht gelohnt. In diesem Haus soll einer sein, der Menschen hilft, zu anderen Menschen zu werden. Zu ihm will sie. Und noch einmal wird sie sich ganz geben. Sie wird alles einsetzen, was ihr zur Verfügung steht, ihre Hände, ihr Haar, ihren Mund, um ihm demütig zu Füßen zu liegen. Sie ist routiniert in ihrer Hingabe. Und sie weiß genau, wie wenig das mit echter Hingabe zu tun hat. Sie denkt an die vielen Männer auf der Suche nach Liebe, die so arm waren, dass sie ihr Geld dafür zahlten.

In der Geschichte dieser namenlosen Frau geht es nicht um die Frau. Es geht um die anderen, um die, die schon am Tisch sitzen und von Simon eingeladen wurden. Sie alle genießen Ansehen in der Stadt. Und sie genießen auch, dass sie dieses Ansehen haben. Dass in dieser Geschichte einer Prostituierten so ein spektakulärer Auftritt gegeben wird, hat viel Anlass geboten, vom eigentlichen Thema abzulenken. Aber es geht gar nicht um die Frau und ihre tatsächliche oder vermeintliche Sünde. Wer sich darauf konzentriert, lenkt nur von sich selbst ab.

Denn ein unangenehmes Gefühl beschleicht die Männer an diesem Tisch, als die Frau auftaucht. Einige kennen sie besser, als es ihnen lieb ist. Und sie müssen zuerst sich fragen, für was sie die Frau eigentlich bezahlt haben. Diese Szene ist ein Ausschnitt aus der Wirklichkeit einer von Zöllnern und Sünderinnen bewohnten Welt. Und unmoralisch daran ist vor allem die Idee, dass alles zwischen Menschen käuflich ist. Jesus spürt die Tränen der Frau, ihre Hände, ihr Haar und ihren Mund, ihre ganze verzweifelte Hingabe. Wer sollte besser wissen als sie, wie wenig Liebe und Hingabe es in der Welt gibt, so wenig, dass sie zu einer Ware werden kann?

Wenn es um Liebe geht und um Vergebung, kommen alle Berechnungen an ein Ende. Und deswegen ist die Moral der Geschichte von Jesus sehr einfach: Wenn etwas käuflich ist, hat es mit Liebe und Hingabe nichts zu tun.

Die Frau ist zu Jesus gekommen, weil sie die alles zerstörende Käuflichkeit hinter sich lassen will. Und sie entlarvt damit den Hochmut und die Selbstgerechtigkeit der Männer, die da am Tisch sitzen. Damit alle begreifen, dass man so nicht weiterkommt.

Ob sie es verstanden haben? Simon sagt jedenfalls nichts mehr. Die anderen versuchen noch, zu verstehen, woher das kommt, wovon Jesus spricht, die viele Liebe, die große Vergebung. Und ob sie selbst eigentlich voller Liebe oder voller Berechnung sind, demütig oder hochmütig, hingebungsvoll oder käuflich.

Einen Augenblick lang ist die Frau dann noch allein mit Jesus, dem Freund der Zöllner und Sünderinnen, dem Liebhaber der ungeordneten Verhältnisse und der einfachen Moral. Als wäre niemand sonst da, nur sie beide. „Dein Glaube hat dir geholfen“, sagt Jesus. „Und dass du demütig und voller Hingabe bist.“

Gebet

Wie dürftig unsere Hingabe ist
und wie berechnend unsere Zuwendung.
Davor erschrecken wir manchmal selbst.
Lehre uns, so verschwenderisch zu lieben,
wie du es tust, Jesus,
mit einer Liebe, die sich allen zuwendet
und alle aufrichtet.

Lied

Alle die Schönheit
Himmels und der Erden
ist gefasst in dir allein.
Nichts soll mir werden
lieber auf Erden
als du, liebster Jesus mein.

Verfasser unbekannt, *Schönster Herr Jesu* (EG 403,5)

12. Sonntag nach Trinitatis

Das geknickte Rohr wird er nicht zerbrechen,
und den glimmenden Docht wird er nicht auslöschen.
(Jesaja 42,3a)

Geknickt und heil

Taub sein und stumm. Nichts hören und nicht reden können. Es gibt Zeiten, da klingt dieses Schicksal fast wie eine Verheißung. Finger in die Ohren und Hand vor den Mund. Nichts hören können heißt dann: Nichts hören müssen. Nicht reden können bedeutet dann: Nichts sagen müssen. Es heißt für Ohren und Zunge Stille, nur Stille.

Angesichts all dessen, was ich zu hören bekomme, klingt das verlockend. Auch angesichts all dessen, was zu sagen wäre, zum Weltgeschehen zum Beispiel oder wenn der Alltag um mich herum lärmt. Du musst dir nichts mehr anhören. Du musst dich auch nicht äußern. Deine Ohren sind verschlossen vor der Welt. Deinen Mund machst du nicht auf. Du wohnst irgendwo am Rand in der Stille, ganz in Ruhe.

Ob der Taube, der auch nicht richtig sprechen konnte, eigentlich froh darüber war, zu Jesus gebracht zu werden? Von allein ist er jedenfalls nicht gekommen. Die anderen haben ihn herbeigezerrt, als der Wundertäter in ihre Gegend kam, von dem sie schon viel gehört hatten, über den schon so viel geredet wurde.

Sie bringen ihm den Taubstummen, weil sie wissen wollen, ob Jesus der ist, der endlich tut, was die Propheten sagen. Ob jetzt die Zeit ist, in der die Tauben hören und die Blinden sehen und die Elenden sich freuen, in der alles Geknickte aufgerichtet wird und alles Kaputte heil. Und vielleicht sogar die Zeit, in der es ein Ende hat mit den Tyrannen, mit der fremden Herrschaft, unter der sie leben. Und in der es vorbei ist mit dem, was man sich alles anhören muss und wozu man eigentlich etwas sagen müsste. Sie holen einen aus der Menge und bringen ihn zu Jesus. Damit er wieder so wird, wie sie es manchmal gar nicht mehr sein wollen.

Denn ein Wunder soll nicht nur an diesem stammelnden Tauben geschehen, sondern auch an ihnen. Und an der Welt. Damit sich keiner mehr taub und stumm stellen muss, um irgendwie zurechtzukommen und geknickt und ausgebrannt trotzdem weiterzumachen.

Jesus nimmt den Tauben zur Seite, damit sie miteinander allein sind, weg von der Menge, die nur aus Augen und Ohren und Zungen, aus Zugucken und Lauschen und Kommentieren besteht. Und zwischen Jesus und dem Tauben ist es so, wie es selten ist zwischen zwei Menschen. Es braucht keine Worte mehr. Keiner muss sich da noch etwas anhören. Keiner hat noch etwas dazu zu sagen. Gesprochen wird die stumme Sprache der Berührung. „Öffne dich. Tu dich auf."

Und der Taube und Stumme kann hören und sprechen. Er redet richtig. Seine Heilung betrifft mehr als Ohren und Zunge. Sie ist umfassend. Sie ist ein Bild für die Sehnsucht, dass es so wird zwischen Menschen wie zwischen Jesus und diesem Tauben. Dass wir zusammen sind und die ganze lärmende Menge um uns einen Augenblick zurücktritt, wir einander wirklich zuhören und dabei nichts überhören. Und dass wir einander etwas sagen können, nur so viel, wie man sich selbst auch sagen oder von sich sagen würde, zart und vorsichtig. Worte wie Spucke auf eine Stelle, die gerade weh tut. Heile, heile. Ein Wunder, wenn sich aufrichtet, was genickt war, und wieder heil wird.

Gebet

Deine Liebe berührt uns, Gott,
da wo uns etwas fehlt oder wehtut.
Du richtest auf, was in uns geknickt ist,
und wir werden heil.
Wir danken dir für deine Nähe.

Lied

Den Tauben öffne das Gehör,
die Stummen richtig reden lehr,
die nicht bekennen wollen frei,
was ihres Herzens Glaube sei.

Erleuchte, die da sind verblend't,
bring her, die sich von uns getrennt,
versammle, die zerstreuet gehn,
mach feste, die im Zweifel stehn.

Johann Heermann, *O Jesu Christe, wahres Licht* (EG 72,4–5)

13. Sonntag nach Trinitatis

Christus spricht: Was ihr getan habt einem von diesen meinen geringsten Brüdern, das habt ihr mir getan.
(Matthäus 25,40b)

Zugewandt und verbunden

Sie suchen nach der Antwort auf eine riesengroße Frage. Es geht um das ewige Leben. Über diese Frage denkt man normalerweise in die Richtung nach, dass man sich fragt, was danach kommen wird. Oder ob da überhaupt etwas ist. Konsequent zu Ende gedacht wäre das Leben, hart gesagt, dann eine Art Wartezimmer auf den Tod. Mit der zunehmenden Angst davor, der Nächste oder die Nächste zu sein. Und wer weiß denn schon sicher, ob hinter der letzten Tür jemand oder etwas existiert?

Bei der Frage nach dem ewigen Leben denkt Jesus in die andere Richtung. Er hält sich nicht mit der Frage auf, was kommt, wenn wir gehen müssen. Es geht ihm um das, was von uns bleibt, wenn wir gehen. Was ist ewig in diesem Leben, das sich immer so kurz anfühlt, wenn die Mitte erst einmal überschritten ist. Und wenn die Zeit so schnell vergeht wie das Jahr nach den Sommerferien.

Eine große Frage: Was ist ewig in diesem Leben, was bleibt? Gott lieben und den Nächsten wie dich selbst, das ist eine gute Antwort darauf. Aber sie ist noch nicht konkret genug. Deswegen erzählt Jesus eine Geschichte. Ein Mensch fällt unter die Räuber. Ein anderer Mensch geht an ihm vorbei. Der nächste auch. Und dann kommt einer, der wird ihm der Nächste und wendet sich ihm zu.

„Und er ging hin zu ihm." Das ist der schönste Satz dieser Geschichte. Die beiden anderen Menschen sind längst verschwunden, in der Geschichte und aus der Geschichte. Von ihnen bleibt nichts. Sie haben keine Spuren hinterlassen, jedenfalls nicht in diesem Leben. Aber der dritte, den es jammerte, der es nicht mitansehen konnte, der hinging, der blieb, in der Geschichte in der Bibel und in der Geschichte. Er wendet sich zu und ist barmherzig. Er verbindet dem Überfallenen seine Wunden. Dadurch sind auch die beiden verbunden. Und es ist egal, dass es ein Samariter ist, der das tut, einer von denen, die eigentlich nicht so richtig hineingehören in dieses Land und in dieses Volk. Durch seine Barmherzigkeit gehört er dazu.

Denn Nächster sein, das ist nicht nur schön, wenn man selbst Hilfe braucht. Es ist auch schön, wenn man helfen kann und zum Nächsten wird. Die Barmherzigkeit, das Gute, das wir anderen Menschen tun, das alles hilft nicht nur denen, die Hilfe brauchen. Es schafft auch eine Gemeinschaft von Menschen guten Willens. Es gibt immer Menschen, die in Not geraten. Es ist müßig, darüber nachzudenken, ob sie ihre Not selbst verschuldet haben und seine Zuwendung davon abhängig zu machen. Oder gar darüber zu urteilen und einfach weiterzugehen. Dieser Obdachlose in seinem zerfledderten Haufen aus Müll und Schlafsäcken, die Rentnerin mit ihrem Nylonbeutel vor der Ausgabestelle der Tafel, die geflüchtete Mutter in der Kleiderkammer, die erschöpften Flüchtlinge auf dem Boot im Mittelmeer, die vor Einsamkeit Kranke in ihrem Einzimmerappartement, diese alle sind einzeln oder alle zusammen unsere Nächsten. Und alle, die zu ihnen hingehen, die mit ihrer Zeit und ihrer Kraft und ihrem Geld für sie da sind, können davon berichten, wie gut das ist: mit anderen verbunden zu sein. Und dieses Gute bleibt für immer.

Gebet

Du traust uns das Gute zu, Gott.
Und du bist sicherer als wir selbst,
dass wir es erkennen.
Lass die Freude am Guten in uns wachsen,
lass uns erfahren, wie reich wir werden,
wenn wir etwas geben.

Lied

Du Erbarmer, lehr auch uns Erbarmen.
Lehr uns milde sein, du Freund der Armen.
O lehr uns eilen,
liebevoll der Nächsten Not zu teilen.

Karl Bernhard Garve, *Liebe, du ans Kreuz für uns erhöhte* (EG 415,3)

14. Sonntag nach Trinitatis

Lobe den Herrn meine Seele,
und vergiss nicht, was er dir Gutes getan hat.
(Psalm 103,2)

Vertrauensvoll und dankbar

Hauptsache gesund! Ob sich das die Männer gedacht haben, denen Jesus begegnet ist? Sie haben natürlich weiten Abstand von ihm gehalten. Denn ihre Krankheit ist eine, die man sieht. Ihre Haut ist betroffen, die Hände, die Arme, vielleicht sogar das Gesicht. Niemand weiß, was es genau ist. Aber alle fürchten, es könnte etwas Ansteckendes sein. Wer eine kranke Haut hat, den berührt man besser nicht. Gezwungenermaßen finden diese Männer sich zu einer neuen Gemeinschaft zusammen, getrennt von allen anderen Menschen. Verbunden sind sie nur durch ihre Krankheit. Und dann gibt es einen unter ihnen, der ist noch mehr getrennt als sie, denn er gehört noch nicht einmal in ihr Land und zu ihrem Volk. Er ist ein Samariter, ein kranker Fremder, der sich ihnen irgendwie angeschlossen hat.

Hauptsache gesund! Das denken sie anscheinend auch, als sie Jesus begegnen. Sie wissen ja, dass sie sich ihm nicht nähern dürfen. Aber sie glauben, dass Jesus sie sogar aus der Ferne heilen kann. Ihr Vertrauen ist groß. Und es passiert dann auch: Sie werden geheilt. Jesus musste sie nicht einmal berühren dafür, was das Ganze noch spektakulärer macht.

Hauptsache gesund, haben sie sich wohl auch danach gedacht. Und ihre Notgemeinschaft ist sofort zerfallen. Sie trennen sich, und jeder geht seiner Wege. Nur der Samariter kehrt um. Jetzt, da er es darf, nähert er sich Jesus und wirft sich ihm zu Füßen. Er vergisst nicht, was Jesus ihm Gutes getan hat. Und zeigt seine Dankbarkeit.

Hauptsache gesund! Diesen Satz hört man so oft. Und meistens aus dem

Mund derer, die nicht durch eine Krankheit oder eine Behinderung von dem getrennt sind, was man so als gesund und „normal“ bezeichnet. Er ist beinahe so etwas wie ein neuer Glaubenssatz geworden. So als käme es im Leben nur darauf an, gesund zu sein, zu bleiben oder mindestens wieder zu werden. Diesen Glauben hatten neun von den zehn mit der kranken Haut. Und sie dachten, das sei schon genug Glauben. Nur einer, der nicht nur krank, sondern auch noch fremd war, wusste, dass man zwar gesund sein konnte, aber deswegen noch lange nicht heil war. Zum Glauben gehört noch etwas anderes unbedingt dazu: dankbar zu sein.

Gerade die Menschen, die krank oder in irgendeiner anderen Weise beeinträchtigt sind, können oft besser dankbar sein. Für einen Besuch und Anteilnahme, die ihnen zeigen, dass sie nicht getrennt von allen anderen leben müssen. Für etwas Schönes, was sie tun oder erleben können, für die vielzitierten kleinen Dinge. Hauptsache gesund würden sie wohl eher nicht sagen, sondern: Hauptsache dankbar.

Gebet

Was uns alles gegeben ist, steht uns nicht zu,
was wir alles haben, ist meistens nicht unser Verdienst,
aber alles dankbar zu empfangen,
das macht unser Leben reich.
Lehre uns, dankbar zu leben, Gott,
und deine Güte zu erkennen,
wo sie sich uns zeigt.

Impuls

Was ist unser Leben? Alles, was wir sehen, greifen, hören, schmecken, fühlen; alles, was uns umgibt, was wir besitzen, woran wir gewöhnt sind, was wir lieben. Was ist Gottes Güte? Jedenfalls alles, was wir nicht sehen, nicht greifen, nicht begreifen, ja fast nicht glauben können; etwas, was wir jedenfalls nicht besitzen.

Dietrich Bonhoeffer

15. Sonntag nach Trinitatis

Alle eure Sorge werft auf ihn; denn er sorgt für euch. (1. Petrus 5,7)

Leicht und schön

Das Leben ist leicht und schwer. Und das Leben ist schön und schwer. Denn es gibt eine verlässliche Begleiterin durch das ganze Leben: die Sorge. Tapfer sagen sich alle: Wenn es jetzt schwer ist, dann wird es bestimmt irgendwann auch wieder leicht und schön. Aber mit einiger Lebenserfahrung fürchten sich alle davor, dass es auch wieder schwer wird, wenn es gerade leicht und schön ist. Denn die Sorgen sind nicht schön, aber zuverlässig und leicht zu haben. Und wenn es gerade keine gibt, kann man sich einfach selbst welche machen. Die Sorgen hören nie auf. Oder wahrscheinlich erst dann, wenn auch das Leben aufhört.

Und dann kommt Jesus barfuß über eine Blumenwiese, kein Dach über dem Kopf, aber dafür mit freiem Blick zu den Vögeln und zum Himmel, der sich über ihnen spannt. Er weiß nicht, wo er heute Nacht bleiben kann, und auch nicht, ob seine Freunde und er etwas zu essen bekommen werden. Er führt ein Leben, als ob der Sommer nie zu Ende gehen würde und man keinen Gedanken an Häuser und Scheunen verschwenden müsste oder an Ernten und Vorräte.

Die mit ihm unterwegs sind, haben sich noch nicht ganz daran gewöhnt. Sie sind aber Fischer gewesen und das hilft ihnen ein bisschen. Sie wissen schon, dass die Netze manchmal voll werden und manchmal leer bleiben. Und dass es immer einen nächsten Tag gibt, an dem man wieder hinausfahren kann. Zum Glück sind sie keine Bauern, die vor lauter Sorge um das Land und das Wetter, um ihr Getreide und ihr Vieh und ihre Scheunen gar keine Augen mehr haben für die Leichtigkeit der Vögel unter dem Himmel und die Schönheit der Lilien auf ihren Feldern.

Mit Jesus unterwegs zu sein, bedeutet, sein Leben voller Zuverlässigkeit und Sorge zu tauschen gegen ein Leben voller Freiheit und Sorglosigkeit, leicht wie ein Vogel, schön wie eine Blume. Ein Leben ohne Sicherheit, aber gelebt mit einer beneidenswerten Sicherheit: So und nicht anders muss man leben. Was morgen kommt, weiß sowieso niemand. Das ist so leicht und schön, dass es schon wieder schwer ist.

Wie kommen diese Leichtigkeit und Schönheit heute in das eigene Leben, lange nach der Zeit, in der Jesus mit seinen Freunden unterwegs war, so viele Tage und so viele Sorgen später? Das Leben wird leicht, wenn man sich klarmacht, was wirklich wichtig ist und was alles nicht wichtig ist. Man braucht ein Dach über dem Kopf, etwas zu essen, etwas anzuziehen. Aber man muss keinen Lebensinhalt daraus machen. Das Leben wird schön, wenn man wie Jesus mit Menschen unterwegs ist, die die gleiche Freiheit lieben und sie aushalten können. Und die Augen dafür haben, wie leicht die Vögel sind und wie schön die Blumen.

Gebet

Ein leichtes und schönes Leben,
das versprichst du uns, Jesus,
und wir sind nicht gut darin,
dir das zu glauben.
Wir machen uns alles so schwer mit unserer Sorge.
Lehre uns, sie loszulassen
und jeden Tag aus deiner Hand zu nehmen.

Lied

Was helfen uns die schweren Sorgen,
was hilft uns unser Weh und Ach?
Was hilft es, dass wir alle Morgen
beseufzen unser Ungemach?
Wir machen unser Kreuz und Leid
nur größer durch die Traurigkeit.

Georg Neumark, *Wer nur den lieben Gott lässt walten* (EG 369,2)

16. Sonntag nach Trinitatis

Christus Jesus hat dem Tode die Macht genommen
und das Leben und ein unvergängliches Wesen ans Licht gebracht
durch das Evangelium.
(2. Timotheus 1,10b)

Unvergänglich und lebendig

Dass das Leben vergänglich ist, ist in dieser Zeit des Jahres besonders spürbar. Noch ist der Sommer nicht ganz zu Ende. Es gibt noch viele schöne Tage mit mildem Licht. Trotzdem wird der Sommer vergehen. Die Zeichen dafür sind schon da. Im leise beginnenden Herbst gibt es noch einmal einen Nachschlag an Hoffnung für alle, die jetzt selbst leise und wehmütig werden. Da sind auch noch andere Zeichen als die der Vergänglichkeit.

Das letzte und große Zeichen vor seinem eigenen Sterben tut Jesus an einem Menschen, den er gut kennt und den er liebhat. Jesus ist ein Freund dieser ganzen Familie aus Bethanien, von Maria und Marta und ihrem Bruder Lazarus. Dessen Tod ist kein fremdes Schicksal für Jesus wie das der vielen anderen Menschen, die er schon geheilt und getröstet hat. Es berührt ihn anders. Jesus sieht die Tränen der beiden Schwestern. Und ihre Hoffnung, dass es anders gekommen wäre, dass ihr Bruder Lazarus nicht gestorben wäre, wenn er nur rechtzeitig da gewesen wäre. Dieses „hätten wir nur“ quält alle Trauernden.

So tapfer kommen die Schwestern Jesus entgegen. Sie wissen, dass es eine Auferstehung geben wird. Sie glauben daran. Aber jetzt, in ihrem frischen Schmerz angesichts der Vergänglichkeit, tröstet sie das nicht. Sie möchten einfach nur ihren Bruder wiederhaben. Jesus sieht ihre Tränen und ihre Tapferkeit. Er spürt seine Liebe zu diesen Menschen und die hilflose Wut darüber, dass der Tod so einfach alle Beziehungen beendet. Dass es kein Wiedersehen gibt, nie. Sondern nur ein Grab, an dem man sich die Augen ausweinen kann, ohne dass sich irgendetwas ändert. Und an dem die Liebe kein Gegenüber mehr findet.

Seine Wut auf den Tod und auf das Ende aller Beziehungen gibt Jesus die Kraft, Lazarus aus seinem Grab zu rufen. Allen Zeichen der Vergänglichkeit zum Trotz, sogar wider den Geruch des Todes, der schon aus diesem Grab dringt. Und Lazarus kommt heraus, noch wie umwickelt von seinem Gestorben-Sein, aber lebendig. Seine Schwestern haben ihn wiederbekommen.

Es ist das letzte Zeichen, das Jesus tut, und das stärkste. Denn nur die Liebe ist stark wie der Tod. Nur die Liebe und die Beziehungen, die wir zueinander haben, sind unvergänglich. Sie bleiben lebendig, auch wenn jemand gestorben ist. Dass er Lazarus auferweckt und den Tod besiegt hat, hat Jesus seinem eigenen Todesurteil nähergebracht. Sie verfolgen ihn dafür, weil sie sich vor seiner Wut und seiner Kraft fürchten. Bald wird ihn Maria bei sich zu Hause in Bethanien mit duftendem Öl salben, wie man einen Toten salbt. Aber Jesus ist und bleibt lebendig.

Gebet

Du nimmst die Endgültigkeit weg, Gott,
an die wir uns gewöhnt haben
bei all den Trennungen und Toden,
die uns hilflos zurücklassen.
Mit dir wird es möglich,
weiterzuhoffen,
noch auf das Unmögliche.

Impuls

Sie aber ging an jenes Gottes Hand,
den Schritt beschränkt von langen Leichenbändern,
unsicher, sanft und ohne Ungeduld.

Rainer Maria Rilke, aus: *Orpheus. Eurydike. Hermes*

17. Sonntag nach Trinitatis

Unser Glaube ist der Sieg, der die Welt überwunden hat.
(1. Johannes 5,4c)

Gläubig und grenzenlos

Es ist überhaupt nicht sein Gebiet. Jesus geht über die Grenze nach Norden. Damit verlässt er nicht nur seine Heimat in Galiläa, sondern das Land Israel. Was immer er dort finden wollte – ein bisschen Abstand vielleicht –, Ruhe ist es leider nicht. Denn sein Ruf hat sich längst über die Grenze ausgebreitet. Eine Frau aus dieser Gegend stellt ihm regelrecht nach. Sie hat eine kranke Tochter, und sie lässt sich einfach nicht davon abbringen, dass Jesus derjenige ist, der ihr helfen kann. Auch wenn sie nicht zum Volk Israel gehört, wie die vielen anderen, denen er schon geholfen hat. Etwas von seiner Kraft muss doch auch für sie übrig sein.

Jesus würde hier gerne eine Grenze ziehen. Dies ist in mehrfacher Hinsicht nicht sein Gebiet. Er fühlt sich nicht zuständig. Deswegen ignoriert er die Frau zuerst einfach. Er lässt sich nicht einmal umstimmen, als seine Freunde zu ihm kommen und ihn bitten, etwas zu tun, damit sie alle zusammen diese Frau endlich loswerden. Erst beim dritten Versuch kommt sie endlich nah genug an Jesus heran. Und ihr ist bewusst, dass sie nichts von Jesus zu erwarten hat. Sie überschreitet mit ihren Bitten nicht nur die Grenzen der Höflichkeit, sondern alle anderen gleich mit. Ihr Glaube ist grenzenlos.

In diesem Grenzgebiet im Norden Israels verschiebt sich auch eine unsichtbare Grenze: Jesus ist zuerst für die Kinder des Hauses Israel da, aber er kann sich nicht darauf beschränken. Zu groß und reich ist die Hoffnung, die er in die Welt gebracht hat. Ein Krümelchen dieser Hoffnung reicht der Frau, um satt zu werden. So als sei sie auch eingeladen gewesen und hätte mit am Tisch gesessen. Der Glaube an Jesus überwindet alle Grenzen und Abgrenzungen in der Welt.

Und es ist eine Frau und eine Fremde, mit der zusammen Jesus das lernt. Denn von denen, die nicht dazugehören, die ausgegrenzt und weggedrängt werden, ist etwas zu lernen: dass Gemeinschaft kein Wunder ist, das vom Himmel fällt. Und dass es die Stimmen derer sind, die nicht dazugehören, die darauf aufmerksam machen.

Sie stören die gemütlichen Runden, in denen alle unter sich bleiben können. Sie sind laut und fordernd und manchmal gehen sie allen gewaltig auf die Nerven. Aber ihre Stärke ist ihr Glaube an eine Welt, in der es keine Grenzen mehr gibt. Selbst Jesus hat das so noch nicht gesehen. Er muss von dieser Frau etwas lernen: Der Glaube darf keine neuen Grenzen schaffen. Der Glaube muss alles tun, um sie zu überwinden.

Gebet

Jesus, wir sind es gewohnt, eigene Grenzen zu setzen,
und oft ist das richtig und gut.
Aber du hast dich trotzdem bitten lassen
und anrühren von dem Vertrauen,
das dir begegnet.
Wir bitten dich, schenke uns beides:
Lass uns klar und bestimmt sein
und trotzdem offen und anderen zugewandt bleiben.

Lied

Herr, unser Gott, lass nicht zuschanden werden
die, so in ihren Nöten und Beschwerden
bei Tag und Nacht auf deine Güte hoffen
und zu dir rufen, und zu dir rufen.

Johann Heermann, *Herr, unser Gott* (EG 247,1)

18. Sonntag nach Trinitatis

Dies Gebot haben wir von ihm,
dass, wer Gott liebt, dass der auch seinen Bruder liebe.
(1. Johannes 4,21)

Reich und arm

Gerade eben hat Jesus noch die Kinder gesegnet. Ihnen gehört nichts. Sie besitzen nur das, was man ihnen gibt oder schenkt – und das Himmelreich. Das hat Jesus ihnen versprochen. Und jetzt kommt ein Mann zu Jesus, der schon lange aus dem Kinderzimmer herausgewachsen ist. Aber auch er hat Sehnsucht nach dem Reich Gottes. Er lebt nicht mehr wie die Kinder, sorglos und ohne Zeit und Stunde. Er weiß schon, dass das Leben weitergeht und irgendwann auch ein Ende hat. Und er hat Sehnsucht nach dem, was wirklich zählt im Leben, was über den Tod hinaus bleiben wird. „Was muss ich dafür tun?", fragt er.

Du weißt es doch, du kennst doch die Gebote, antwortet Jesus ihm. Und ja, der Mann kennt die Gebote nicht nur, sondern er hat sie auch gehalten, von Jugend auf. Dieser Mann ist ein guter Junge. Ehrlich und rechtschaffen, aufrecht und ohne Falsch. Und darin tatsächlich noch ein bisschen kindlich und unschuldig. Ich habe das alles gehalten. Wie ist es nun mit dem ewigen Leben, mit dem Himmelreich für mich? Habe ich alles? Oder fehlt da noch was?

Jesus sieht diesem Mann bis in sein gutes Herz hinein. Und er gewinnt ihn lieb. Nirgendwo sonst wird davon berichtet, dass Jesus das tut. Außer bei diesem Mann, der alles hat. Und dem alles fehlt. Denn er hält alle Gebote, die sich auf das Miteinander der Menschen beziehen. Und das ist gut. Aber das erste, höchste und wichtigste, das hält er nicht: „Ich bin der Herr, dein Gott. Du sollst keine anderen Götter haben neben mir." Denn es gibt zu viel, an dem sein Herz auch noch hängt. Dieser gute und aufrechte Mensch hat es nämlich auch noch zu etwas gebracht. Er ist reich geworden. Und das soll er nun alles verkaufen und den Armen geben. Und dann erst kann er Jesus nachfolgen.

An dieser Stelle merken alle, dass der gute Junge doch kein Kind mehr ist. Er wagt es nicht, alles zu verkaufen. Diese Art von Freiheit macht ihm Angst. Und deswegen bleibt er bei dem, was er hat, und was umgekehrt auch ihn besitzt. Er kann nicht mit Jesus gehen. Er geht traurig davon. Und die Welt wird leider wieder nicht um einen Reichen ärmer.

Ach, Jesus, möchte man sagen, du immer mit deinen Vögeln und Blumen und Kindern. Aber so ist es mit Jesus. Um ins Himmelreich zu kommen und das ewige Leben zu haben, muss man am besten und zuerst alle materielle Sicherheit aufgeben. Denn in einem Menschenherzen ist nicht unbegrenzt Platz. Aber Gott kann man nur von ganzem Herzen lieben. Daran hält Jesus fest. Die Liebe zu Gott steht an erster Stelle und dann folgt die Liebe zum Nächsten, nicht andersherum. Und nichts besitzen zu wollen oder sich zumindest nicht besitzen zu lassen, von dem was man hat, ist eine Voraussetzung dafür.

Gebet

Wie schwer ist es, Gott,
sich nicht besitzen zu lassen, von dem was man besitzt.
Du weißt das, weil du uns kennst und in unser Herz siehst.
Schenke uns eine Freiheit, wie Kinder sie haben.
Mach du unser Vertrauen auf dich größer
als unsere Sorge um uns selbst.

Lied

Lass mich, o Herr, in allen Dingen
auf deinen Willen sehn und dir mich weihn;
gib selbst das Wollen und Vollbringen
und lass mein Herz dir ganz geheiligt sein.
Nimm meinen Leib und Geist zum Opfer hin;
dein, Herr, ist alles, was ich hab und bin.

Georg Joachim Zollikofer, *Lass mich, o Herr, in allen Dingen* (EG 414,1)

19. Sonntag nach Trinitatis

Heile du mich, Herr, so werde ich heil, hilf du mir, so ist mir geholfen. (Jeremia 14,17)

Bewegt und belebt

Es war in Jerusalem am Teich Betesda. Da lag ein Mensch auf einer Liege am Teich. Für einen Urlaub zur Erholung ist das ja nicht verkehrt. Aber dieser Mensch liegt da schon seit 38 Jahren. Von Zeit zu Zeit bewegt sich das Wasser des Teichs. Und wer dann als Erster da ist von all den Kranken, Blinden, Lahmen und Ausgezehrten aus den fünf Hallen um diesen Teich, der hat eine Chance, geheilt zu werden. Der Mann auf der Liege kommt schon lange nicht mehr in Bewegung. Wie lange hat er es wohl noch versucht? In seinen untrainierten Muskeln zog es von Anfang an. Aber da war wenigstens noch eine Art von Schmerz. Wann hat es angefangen, dass er sich gar nicht mehr aufrappelte?

Und was hat er den Rest der Zeit über gemacht? Nur dagelegen und nicht einmal mehr gewartet? Die Tage und die Jahre, aus denen ein Leben ist, sind einfach vergangen. Denn Gründe, warum es gerade nicht geht, gibt es immer genug, nicht nur für den Mann am Teich. Immer kann etwas oder jemand vor mir da sein, bei der Arbeit, in der Beziehung, im Leben insgesamt. Man kann von einer Liege aus sehr bequem auf die anderen gucken. Die vor dir reinkommen, die vor dir drankommen, die es hinkriegen.

Dieser Mensch lag an einem Teich am Schaftor im Jerusalem, bei den fünf Hallen und hat sich komplett eingefügt in dieses Ensemble. Er war ungefähr noch so beweglich wie eine der steinernen Säulen der Halle. Denn wer sich nicht mehr bewegt, spürt auch keinen Schmerz mehr und fügt sich einfach ein in das Gesamtensemble seines Lebens. Willst du gesund werden? Nicht nur der Mann am Teich überhört die Frage von Jesus geflissentlich. Wenn du dich nicht selbst bewegst, muss einer kommen, der dich das fragt. Jemand, der in dein Leben einbricht und dich da rausholt.

Wenn Jesus kommt, dann ist Schluss mit dem Liegen an den verschiedenen Teichen und auch mit den Begründungen, warum man liegt und wieso hier und wieso schon so lange und den anderen „immer". Schluss mit allen Ausreden. Willst du leben oder liegen? Das fragt Jesus an allen Teichen. Wie wünschte ich mir, einer sagte das zu mir, dass ich aufstehen soll und mein Bett nehmen. Dann ziept es bestimmt in all den untrainierten Muskeln. Es zwickt besonders da, wo ich krank bin, blind, lahm oder ausgezehrt am Körper, aber mehr noch an der Seele. Aber es geht.

Liegen ist keine Alternative zum Leben. Steh auf, nimm dein Bett und geh hin! Jesus hat es gesagt. Damit wir uns bewegen und leben.

Gebet

Klagen statt handeln und liegen statt leben,
sich abfinden statt zu protestieren:
Hol du uns da heraus, Gott!
Rette uns von uns selbst
und vor allem vor unseren Ausreden,
warum es so sein muss und gar nicht anders sein kann.
Damit wir aufstehen und einstehen
für unser eigenes Leben
und für das Leben der Anderen.

Lied

Such, wer da will, ein ander Ziel,
die Seligkeit zu finden;
mein Herz allein bedacht soll sein,
auf Christus sich zu gründen.
Sein Wort sind wahr, sein Werk sind klar,
sein heilger Mund hat Kraft und Grund,
all Feind zu überwinden.

Georg Weissel, *Such, wer da will, ein ander Ziel* (EG 346,1)

20. Sonntag nach Trinitatis

> Es ist dir gesagt, Mensch, was gut ist und was der HERR von dir fordert: nichts als Gottes Wort halten und Liebe üben und demütig sein vor deinem Gott.
> (Micha 6,8)

Verbindlich und entschieden

Jetzt kommt die Zeit, in der man die wärmeren Jacken und Schuhe herausholen muss. Irgendwann ist der erste richtige Herbsttag da und der Wind fegt die Blätter von den Bäumen. Und man wünscht sich, man hätte doch noch nach der Mütze gekramt, seufzend, aber irgendwie auch ergeben, so wie jedes Jahr. Es gibt eine Ordnung, der man sich schlecht widersetzen kann. Und die von Sommer und Winter, von Hitze und Frost gehört unbedingt dazu.

Es gibt auch für das Zusammenleben von Menschen Ordnungen. Eine große und grundlegende Ordnung und Orientierung bieten die Zehn Gebote. Was darin erlaubt und nicht erlaubt ist, hilft, damit das Miteinander von Menschen gelingt. Wie ein Rahmen schützen sie das kostbare und immer gefährdete Zusammenleben. Aber jeder Rahmen setzt auch eine Grenze.

Dass man nicht töten darf, nicht lügen oder stehlen soll, das ist unmittelbar einsichtig. Schwieriger sind die Gebote, die sich auf den ganz persönlichen Bereich beziehen, auf die Beziehung mit Menschen – nicht mit vielen und mir manchmal unbekannten, sondern mit anderen, mir sehr vertrauten Menschen. Vater und Mutter ehren, zum Beispiel: Das ist nicht so einfach, wenn es in der Kindheit Verletzungen gegeben hat, wenn nicht genug Liebe da war oder einem gezeigt wurde. Und auch für die allermeisten Beziehungen zwischen zwei Menschen ist es eine Herausforderung, wenn noch weitere Personen dazukommen. Daran muss der Rahmen, der bisher alles zusammengehalten hat, nicht gleich ganz zerbrechen. Aber er muss wahrscheinlich noch einmal neu bestimmt werden.

Jesus ist leider unerbittlich. Auch er weiß, dass es Beziehungen gibt, die man besser nicht aufrechterhalten sollte. Und dass es auch die Möglichkeit gibt, sich zu trennen. Aber klarer als die Betroffenen selbst es manchmal sehen, weiß er auch etwas davon, dass es eine Trennung ohne Verletzungen sehr selten gibt. Denn ein gemeinsamer Anfang sieht nicht gleich auf ein Ende. Beziehungen zwischen zwei Menschen sind auf Verbindlichkeit angelegt. Darauf, dass man sich füreinander entscheidet und sich aufeinander einlässt. Und nur deswegen bekommen sie dann mit der Ehe auch einen äußeren Rahmen.

Es wäre gut, wenn das immer so funktionieren würde. Aber es kann dazu kommen, dass gerade das Üben von Liebe im Rahmen einer Beziehung nicht mehr gelingt. Gottes Gebot halten, indem ich meinen allernächsten Menschen liebe wie mich selbst. Zur Ordnung des Lebens gehört es wohl auch, dass wir an ihr scheitern können.

Gebet

Gott, du bist Liebe.
Wir sehnen uns danach, dass wir sie leben können,
und sehen auch, wie wir an der Liebe scheitern.
Sei bei uns, wenn uns das belastet,
mach uns dankbar, wenn es uns gelingt,
und in allem lass uns gnädig sein mit uns selbst.

Impuls

Immer wieder, ob wir der Liebe Landschaft auch kennen
und den kleinen Kirchhof mit seinen klagenden Namen
und die furchtbar verschweigende Schlucht, in welcher die anderen
enden: immer wieder gehn wir zu zweien hinaus
unter die alten Bäume, lagern uns immer wieder
zwischen die Blumen, gegenüber dem Himmel.

Rainer Maria Rilke, *Immer wieder*

21. Sonntag nach Trinitatis

> Lass dich nicht vom Bösen überwinden,
> sondern überwinde das Böse mit Gutem.
> (Römer 12,21)

Friedlich und versöhnlich

Bald kommt der November, der Monat der gemeinsamen Trauer und des stillen Gedenkens an die vielen Tode in dieser Welt, die unvermeidlichen genauso wie die vermeidbaren, sinnlosen. Seit wir wieder wissen, was ein Krieg ist, und was Feinde sind, stellt sich auch die Frage nach der Feindesliebe neu. Jesus hatte mehr als genug Feinde. Und es wurden immer mehr, je länger er mit dieser Botschaft unterwegs war, dass die Liebe zum Nächsten nicht einmal vor den Feinden Halt macht. Dass man nicht zurückschlagen, sondern die eigene Wange hinhalten soll. Beinahe quälend genau beschreibt Jesus, wie es geht, das Böse mit Gutem zu überwinden: sich erst auf die rechte Wange schlagen zu lassen, ohne sich zu wehren, und dann auch noch die linke Wange hinzuhalten.

Wir fragen uns in diesen Zeiten ganz neu, wie Jesus das wirklich gemeint hat. Radikal pazifistische Positionen kann man leicht vertreten, solange Frieden herrscht. Aber wenn es wieder Kriege gibt, solche, wie es sie sehr lange nicht gegeben hat, in denen ein Land einfach überfallen und angegriffen wird – wie sieht es dann aus mit dem Verzicht auf Vergeltung und dem Hinhalten der Wange?

Die Kriege lehren uns erst etwas, wenn sie Geschichte geworden sind. Und meistens noch nicht einmal dann. Doch es gibt die wenigen Ausnahmen, wo Verzicht auf Vergeltung den Lauf der Welt verändert hat. Es sind kostbare Sternstunden in der Dunkelheit von Krieg und Gewalt.

Eine davon war kurz nach dem 14. November 1940, als die Kathedrale der englischen Stadt Coventry durch deutsche Bombenangriffe völlig zerstört wurde. Wenig später ließ der Dean Richard Howard die Worte „Vater vergib“ hinter dem verbrannten Altar anbringen. Nur „Vater vergib“, nicht „vergib ihnen“, den deutschen Angreifern. Sondern allen Menschen. Weil wir immer wieder Kriege beginnen, weil wir losschlagen und zurückschlagen, bis am Ende nur noch Tod und Trümmer bleiben. Richard Howard ist in seinem eigenen Land für seine versöhnliche Haltung sehr angefeindet worden. Und fast genau drei Jahre später hat ein englischer Bombenangriff auf Berlin die Kaiser-Wilhelm-Gedächtnis-Kirche zerstört. Es gab also doch eine Vergeltung.

Aber das Ende der Geschichte war es glücklicherweise nicht. Denn Richard Howards Aufruf zur Versöhnung hat nach dem Ende des Krieges nicht nur die beiden Kirchen in Berlin und Coventry verbunden, sondern eine weltweite Gemeinschaft begründet: Die Nagelkreuzgemeinschaft arbeitet bis heute für Frieden und Versöhnung. Und das Böse, das wir uns im Krieg gegenseitig angetan haben, ist mit Gutem überwunden worden.

Gebet

Jesus, lehre uns,
dieser Welt voller Krieg und Vergeltung
die andere Wange hinzuhalten,
die anderen Möglichkeiten zu zeigen.
Damit man an uns sieht,
dass es auch den anderen Weg gibt,
deinen Weg der Liebe und der Versöhnung.

Lied

O Herr, mach mich zu einem Werkzeug deines Friedens,
dass ich Liebe übe, wo man sich hasst,
dass ich verzeihe, wo man sich beleidigt,
dass ich verbinde, da, wo Streit ist,
dass ich die Wahrheit sage, wo der Irrtum herrscht,
dass ich den Glauben bringe, wo der Zweifel drückt,
dass ich die Hoffnung wecke, wo Verzweiflung quält,
dass ich ein Licht anzünde, wo die Finsternis regiert,
dass ich Freude mache, wo der Kummer wohnt.

Verfasser unbekannt, *Friedensgebet* (EG 416)

22. Sonntag nach Trinitatis

Bei dir ist die Vergebung, dass man dich fürchte.
(Psalm 130,4)

Beschenkt und nachgiebig

Vergebung ist ein großes Wort. Und es ist nicht leicht, es in kleine Münze umzuwechseln. Jesus erzählt eine Geschichte, die keiner weiteren Erklärungen bedarf. Jede und jeder muss sich über diesen Knecht aufregen, dem so viel Schuld vergeben wird. Und der anschließend nicht in der Lage ist, selbst großzügig und nachgiebig zu sein. Wie viel können denn schon hundert Silbergroschen im Vergleich zu zehntausend Zentner Silber sein? Man braucht kein Spezialwissen in antiker Münzkunde, um das Missverhältnis zu erkennen.

Es ist aber kein Zufall, dass es in der Geschichte von der Vergebung um Geld, um zählbare Dinge geht. Jesus hatte seine Freunde darauf vorbereitet, dass es auch unter ihnen nicht immer nur harmonisch zugehen wird. Wenn es Streit gibt, wenn sich jemand etwas zuschulden kommen lässt, dann versucht, das untereinander zu lösen. Und gebt gleich nicht beim ersten Mal auf.

Sie hören sich das an, so wie man der Mutter zuhört, die sagt: Streitet euch doch nicht. Ungeduldig, auf das eigene Recht bedacht, auf das, was man verlangen kann und was nun aber wirklich zu viel ist. Irgendwann muss es doch einmal genug sein. Und einer von Jesus' Freunden, Petrus, stellt dazu eine Frage. Er besitzt das besondere Talent, trotz bester Absichten immer das Falsche zu fragen oder zu sagen. Und auch er kommt jetzt mit Zahlen. Siebenmal zu vergeben, müsste doch reichen? Vielleicht ist er sich schon in dem Moment, an dem er die Zahl ins Spiel bringt, nicht mehr so sicher, ob das eine gute Idee ist. Denn eine Zahl ist eine Zahl. Aber sie sagt einem auch nicht, was dann danach kommen soll, nach den sieben vergeblichen Versuchen von Versöhnung und Vergebung zum Beispiel.

Die Antwort Jesu auf diese buchhalterische Frage zieht sie ein bisschen ins Lächerliche: Siebzigmal siebenmal müsst ihr einander vergeben. Und ehe ihr anfangt, zu rechnen, wie oft das ist, hört lieber gleich auf damit. Gebt lieber noch etwas nach. Seid nachgiebig. Denn Vergebung lässt sich nicht berechnen. Ihr seid doch die, denen alles geschenkt worden ist von Gott. Also hört auch auf, alles zu berechnen und ständig miteinander abzurechnen und erlebt, wie befreiend das ist.

Die Geschichte von der Berechnung und vom Vergeben ist immer dann zu hören, wenn bald Reformationstag ist oder gerade erst war. Martin Luther hat damals den einen großen Irrtum aus der Welt geschafft, den die Nachfolger von Petrus in die Welt gesetzt hatten: dass man Vergebung berechnen könnte oder gar dafür bezahlen müsste bei Gott. Das Geschäft mit den Ablassbriefen, die Vergebung käuflich gemacht haben, war danach zu Ende. Denn wem viel geschenkt ist, der hört auf zu rechnen.

Gebet

Aufrechnen und abrechnen –
wir sind so daran gewöhnt, Gott,
dass wir manchmal nicht merken,
wenn wir schon wieder damit anfangen.
Geben und vergeben,
das müssen wir lernen.
Hilf uns dabei, damit wir frei werden.

Lied

All unsre Schuld vergib uns, Herr,
dass sie uns nicht betrübe mehr,
wie wir auch unsern Schuldigern
ihr Schuld und Fehl vergeben gern.
Zu dienen mach uns all bereit
in rechter Lieb und Einigkeit.

Martin Luther, *Vater unser im Himmelreich* (EG 344,6)

23. Sonntag nach Trinitatis

Dem König aller Könige und Herrn aller Herren,
der allein Unsterblichkeit hat, dem sei Ehre und ewige Macht.
(1. Timotheus 6,15b.16a.c)

Gebunden und frei

Schon wieder geht es ums Geld. Jesus wird gefragt, wie er dazu steht, dass man dem römischen Kaiser Steuern zahlen muss. Aber man muss sich die Münzen genau ansehen, um zu entdecken, dass es nicht nur um Geld geht, sondern um die Person, die darauf abgebildet ist: den römischen Kaiser.

Das Verhältnis zum Staat und seiner Regierung, zur Obrigkeit, wie es Paulus nennt, ist das Thema dieses Sonntags. Dass es diesen Sonntag mit seinen biblischen Texten zu diesem Thema nur sehr selten gibt, macht das Thema deswegen nicht unbedeutender. Im Gegenteil: Christinnen und Christen leben in der Welt. Sie können sich den Verhältnissen, in denen sie leben, nicht entziehen. Und manchmal können sie es sich auch nicht aussuchen. In welchem Verhältnis sie zu den Herrschenden stehen, muss immer wieder neu bestimmt werden, je nachdem, wer gerade an der Herrschaft ist. Es ist nur ein paar Jahrzehnte her, dass Christinnen und Christen im Osten Deutschlands vonseiten ihrer Regierung unterdrückt und verfolgt worden sind. Kinder, die aus christlichen Familien kamen, durften kein Abitur machen. Sie hatten Schwierigkeiten, einen Ausbildungsplatz zu finden oder durften nicht das studieren, was sie wollten. Das ist alles nicht lange her. Noch leben sehr viele Menschen, die solche Erfahrungen gemacht haben. Sie leben auch mit den entgangenen Lebenschancen, die dazu gehören.

Dem Kaiser geben, was dem Kaiser gehört, dem Staat geben, was er von einem verlangt, sind in einem guten Miteinander von Staat und Kirche, wie dem, in dem wir leben, keine große Herausforderung. Das sieht anders aus, wenn der Staat Dinge verlangt oder Werte vertritt, die mit dem christlichen

Glauben nicht zu vereinbaren sind. 1934 hat die Synode der Bekennenden Kirche in Barmen festgehalten, was angesichts des totalen Herrschaftsanspruchs des Staates die Haltung von Christinnen und Christen sein muss: „Die Schrift sagt uns, dass der Staat nach göttlicher Anordnung die Aufgabe hat in der noch nicht erlösten Welt, in der auch die Kirche steht, nach dem Maß menschlicher Einsicht und menschlichen Vermögens unter Androhung und Ausübung von Gewalt für Recht und Frieden zu sorgen. Die Kirche erkennt in Dank und Ehrfurcht gegen Gott die Wohltat dieser seiner Anordnung an. Sie erinnert an Gottes Reich, an Gottes Gebot und Gerechtigkeit und damit an die Verantwortung der Regierenden und Regierten. Sie vertraut und gehorcht der Kraft des Wortes, durch das Gott alle Dinge trägt. Wir verwerfen die falsche Lehre, als solle und könne der Staat über seinen besonderen Auftrag hinaus die einzige und totale Ordnung menschlichen Lebens werden." (Aus der 5. These der Theologischen Erklärung von Barmen)

Dem Kaiser geben, was des Kaisers ist, und Gott geben, was Gottes ist: Das ist keine einfache Aufteilung der Welt in zwei voneinander getrennte Bereiche, sondern der Grund für eine Spannung, in der wir als Glaubende bis heute leben. Gebunden und frei zugleich.

Gebet

Wir leben in der Welt, Gott,
und wir können sie nicht sich selbst überlassen.
Von dir kommt der Maßstab,
wie wir als Menschen miteinander leben sollen.
Lass uns wach und aufmerksam sein,
wo dein Gebot nicht geachtet wird,
gib uns Klarheit und Mut zum Widerstand.

Impuls

Ich glaube, daß Gott uns in jeder Notlage soviel Widerstandskraft geben will, wie wir brauchen. Aber er gibt sie nicht im voraus, damit wir uns nicht auf uns selbst, sondern auf ihn verlassen.

Dietrich Bonhoeffer

Endlich – das Ende des Kirchenjahres

Mit der zunehmenden Dunkelheit kommen die ernsten Themen. Schon bevor es schließlich November geworden ist, haben die letzten Sonntage nach Trinitatis den Dreiklang in Moll vorbereitet, mit dem das Kirchenjahr zu Ende geht. Es ist die Zeit, um zurückzublicken auf das vergangene Jahr und auf alles, was darin geschehen ist. In den letzten Wochen des Jahres geht es um die letzten Dinge.

Dass alles vergänglich ist, ist nicht nur an den fallenden Blättern zu sehen. Persönliche Abschiede und Verluste werden noch einmal schmerzhaft gegenwärtig. Es ist eine stille Zeit, in der Erinnerung und Trauer ihren Platz haben. Die Sehnsucht nach einer Welt ohne Schmerz und Tränen wird jetzt besonders groß.

Und Erinnerung und Trauer reichen weit über die persönlichen Verluste und den Abschied von geliebten Menschen hinaus. Auch über die Unvollkommenheit der Welt kann man trauern, in der Erinnerung an frühere Kriege, die so viele Leben zerstört haben. Der Wunsch nach Frieden ist so viel größer geworden, je näher die Kriege und Konflikte uns gekommen sind. Wie engagiert man sich dafür? Was ist unsere Verantwortung, vor wem werden wir einmal Rechenschaft ablegen?

Das Leben ist endlich. Jetzt ist die Zeit, sich daran zu erinnern. Damit wir dieses Leben sorgfältig leben.

Drittletzter Sonntag des Kirchenjahres

Selig sind, die Frieden stiften, denn sie werden Gottes Kinder heißen. (Matthäus 5,9)

Hier und jetzt

Mit einem dunklen Dreiklang endet das Jahr der Kirche. Zu fallenden Blättern, sinkenden Temperaturen und grauem Himmel passen die ernsten und tiefen Themen dieser Wochen. Wer sich mit ihnen auseinandersetzt, spürt auch die Sehnsucht stärker, dass diese Welt doch anders sein möchte, als sie in der Wirklichkeit ist.

Dass es anders wird, als es ist, wünschen sich auch die Freunde von Jesus. Sie warten darauf, dass das Reich Gottes kommt. Und vor allem möchten sie gerne wissen, wann es so weit ist. Die Freunde von Jesus mit ihrem Warten und ihrer Ungeduld sind mir besonders nahe nach den Erfahrungen, die wir in den Jahren der Pandemie gemacht haben. Alle miteinander und doch jede und jeder für sich allein. Mit welcher Inbrunst haben wir gewartet, mit welcher Sehnsucht danach, dass uns jemand sagt, wann dies alles vorbei sein wird. Das alte Wort „Erlösung" hat einen ganz neuen Klang bekommen.

Im Rückblick merke ich: Den einen Tag, an dem es vorbei war, den hat es im Blick auf die Pandemie gar nicht gegeben. Nach und nach, in kleinen Schritten, hat sich die Welt verwandelt in eine, in der wir wieder gerne leben möchten. Der Tag, an dem alles begann und anders wurde, kam wie aus heiterem Himmel. Aber die Tage, an denen es anders und besser wurde, waren viele einzelne Tage.

Darauf zu achten und es wahrzunehmen, wo eine andere Welt schon Wirklichkeit ist, das ist auch die Aufgabe, wenn es um das Reich Gottes in dieser Welt geht. Es kommt nicht so, dass man sagen könnte: Hier ist es. Oder dort. Es ist längst da. Und es zeigt sich überall dort, wo Menschen so leben und handeln, wie Jesus es sich vorstellt. Maßlos sein in der Liebe. Niemanden davon ausnehmen, nicht einmal die Feinde. Immer mehr tun, als von einem verlangt wird, großzügig sein statt berechnend, barmherzig statt ungnädig, versöhnlich statt unversöhnlich. Wenn ihr das Reich Gottes in dieser Welt sucht, dann schaut doch zuerst bei euch selbst nach, wie weit ihr damit schon gekommen seid.

Diesen einen großen Tag, an dem alles anders wird, den gibt es nicht. Und es ist falsch, darauf zu warten. Wenn wir uns zum Beispiel fragen, wie die Folgen der Pandemie in unserer Gesellschaft bewältigt und verarbeitet werden können, dann ist es gut, sich an die Forderungen von Jesus zu halten oder es wenigstens zu versuchen. Und auch in allen anderen Herausforderungen, die wir erleben. In der Welt, wie sie ist, ist eine andere Welt schon zu finden. Hier und jetzt.

Gebet

Du Gott des Friedens,
das Wort Frieden schreiben wir groß
und halten es doch unter uns klein.
Aber damit Frieden wird, müssen wir ihn tun.
Lass Frieden ein Tätigkeitswort werden für uns,
lass uns frieden, damit Frieden wird.

Lied

Wer gibt uns Leben und Geblüt?
Wer hält mit seiner Hand
den güldnen, werten, edlen Fried
in unserm Vaterland?

Ach Herr, mein Gott, das kommt von dir,
du, du musst alles tun,
du hältst die Wach an unsrer Tür
und lässt uns sicher ruhn.

Paul Gerhardt, *Ich singe dir mit Herz und Mund* (EG 324,6–7)

Vorletzter Sonntag des Kirchenjahres

Wir müssen alle offenbar werden vor dem Richterstuhl Christi.
(2. Korinther 5,10a)

Herausgefordert und verantwortlich

Es herrschen Schmerz und Trauer über die Unvollkommenheit der Welt. Und die Frage nach der Verantwortung: Das sind die Themen an diesem Sonntag, der auch als Volkstrauertag begangen wird. Ein Tag der Erinnerung an die Folgen von Krieg und Gewaltherrschaft, ein Tag mit einer wechselvollen und hinterfragbaren Geschichte. Es ist nicht einfach, sich ein Urteil zu bilden. Oder doch?

Jesus erzählt eine lange, aber eigentlich nicht besonders komplizierte Geschichte. Es gibt darin Schafe und Böcke, Gesegnete und Verfluchte, rechts und links, Gut und Böse, ewige Strafe und ewiges Leben. Leicht zu verstehen und trotzdem eine große Herausforderung. Was habt ihr getan, was habt ihr nicht getan? Und wo wird es sichtbar, dass ihr nach meinen Maßstäben lebt?

Von einem Gericht zur sprechen und von einem Urteil, überhaupt von einem Ende der Zeiten, klingt ein bisschen wie aus einer anderen Zeit. Aber zu jedem Urteil gehören eben die Taten davor. Die Geschichte sagt: Jesus interessiert sich für das, was wir in dieser Welt getan haben. Und für das, was wir nicht getan haben. Das schärft das eigene Gewissen. Und wenn wir die komplizierte Welt um uns herum mit einem an dieser Geschichte geschärften Gewissen betrachteten, dann wäre es endlich einmal einfach.

Jede und jeder wüsste genau, was zu tun ist: die Hungrigen speisen, den Durstigen zu trinken geben, die Fremden aufnehmen, die Nackten kleiden, die Kranken und Gefangenen besuchen. Es einfach tun, ohne all die Ja-Abers und die Selber-Schulds und die Geht-mich-doch-nicht-Ans. Es außerdem so tun, wie die Geschichte sagt, dass wir es tun sollen: überraschend absichtslos. In

Unkenntnis darüber, dass es uns einmal angerechnet werden wird, sehr hoch angerechnet sogar. Als wüssten wir nicht, was wir tun. Und zufällig wäre es mal nicht falsch oder böse, sondern richtig und gut. Denn was gut oder böse ist, muss nicht immer erst im Rückblick zu erkennen sein. An Tagen wie dem Volkstrauertag geht es nicht nur um das Erinnern, um die Trauer und das schmerzhafte Gefühl, nichts wiedergutmachen zu können. Es geht auch um die Gegenwart und um die Zukunft. In dieser komplizierten Welt wird es immer herausfordernder, sich ein Urteil zu bilden. Aber vielleicht hilft einem dabei die Frage, was Jesus dazu sagen würde: zu dem, was wir tun, und zu dem, was wir nicht tun. Damit wir verantwortlich leben.

Gebet

Gott, dass am Ende alles noch einmal zur Sprache kommt,
dass wir dann begreifen, was wir getan und was wir versäumt haben,
lass uns diesen Gedanken nicht verdrängen.
Das Gute ist in dieser Welt zu finden,
und es ist möglich, es zu tun.
Das ist gut zu wissen für uns selbst
und gut für alle, für die wir da sind.

Lied

Wer dieser Erde Güter hat
und sieht die Brüder leiden
und macht die Hungrigen nicht satt,
lässt Nackende nicht kleiden,
der ist ein Feind der ersten Pflicht
und hat die Liebe Gottes nicht.

Christian Fürchtegott Gellert, *So jemand spricht: Ich liebe Gott* (EG 412,2)

Letzter Sonntag des Kirchenjahres

Lasst eure Lenden umgürtet sein und eure Lichter brennen.
(Lukas 12,35)

Wachsam und sehnsüchtig

Einmal fällt die Tür ins Schloss. Und wo stehen wir dann? Es könnte wie in einem Festsaal sein, voller Kerzenglanz und Musik und Hochzeitsfreude. Oder man bleibt im Alltag stehen, der so grau ist wie jetzt im November, nass und ungemütlich. Die Geschichte, die Jesus erzählt, weckt die Sehnsucht, dazukommen zu dürfen wie zu diesem Fest. Wie man nach einem langen und grauen Tag doch noch einmal losgeht, weil einen ein festlicher Abend erwartet. Unsere Geschichte ist eine Einladung, dieser Sehnsucht nachzugehen.

Denn im Alltag, da steht man manchmal da wie ausgebrannt, wie die jungen Frauen aus der Geschichte, die vergessen haben, Öl für ihre Lampen mitzunehmen. Und sie warten so lange, bis ihnen neben dem Öl auch die Hoffnung ausgeht. Sie haben sogar ein bisschen geschlafen. Aber als der Bräutigam kommt und das Fest beginnen kann, da merken sie, was ihnen fehlt. Sie laufen sogar noch los, um sich Öl zu kaufen. Aber am Ende stehen sie vor der verschlossenen Tür.

Diese Geschichte hat keine Moral. Die jungen Frauen mit den ausgebrannten Lampen sind nicht böse oder faul. Eingeschlafen waren sie schließlich alle. Aber die jungen Frauen, die man später klug nennen wird, hatten noch Öl dabei. Weil sie weit über den Augenblick hinausdachten. Es könnte ja noch etwas kommen. Wir sind jedenfalls vorbereitet. Denn wir erwarten noch etwas. Und wir wissen, dass es lange dauern kann.

Das Öl, das sie dabeihaben, nennt man Sehnsucht. Danach, dass das Leben nicht im Alltag stehenbleibt. Und das so schnell vergeht wie eine Arbeitswoche, wie auch dieses Jahr schon wieder fast vorbei ist, so wie irgendwann auch das Leben. Aber da kommt noch etwas, etwas Schönes, Leuchtendes, ein Glanz, an dem ich Anteil haben kann. Wie kann man diese Sehnsucht bekommen? Es gibt sie nicht zu kaufen. Man kann sie auch nicht von anderen ausleihen. Weil jede und jeder seine eigene Sehnsucht entdecken und hüten muss.

Und oft wird sie dann lebendig, wenn man um etwas oder jemanden trauern muss. Immer, wenn wir an die Grenzen des Lebens kommen, wird die Sehnsucht groß nach diesem Land, in dem alle Tränen abgewischt sind. Denn Schmerz und Trauer tun weh. Aber sie machen auch klug, wachsam und vorbereitet. Sie machen, dass es weniger von diesem „hätte ich nur" gibt, unter dem wir so leiden. Wer diese Sehnsucht in seinem Leben bewahrt, hat alles dabei.

Gebet

Halte unsere Sehnsucht lebendig, Gott,
denn sie zeigt uns den Weg zu dir.
Dass da mehr ist als grauer Alltag,
dass wir eingeladen sind zu einem Fest,
daran erinnere du uns,
wenn wir uns einrichten und abfinden wollen.
Weck uns auf, damit wir dir entgegengehen.

Impuls

Gott hat gewiss keine Sehnsucht erschaffen, ohne
auch die Wirklichkeit zur Hand zu haben,
die als Erfüllung dazugehört. Unsere Sehnsucht ist unser Pfad.

Tania Blixen, aus: *Babettes Fest und andere Erzählungen*

Verwendete Bibelstellen

Durch das Kirchenjahr

Septuagesimae? Quasimodogeniti? Was heißt das eigentlich?
Die Jahrtausende alte Tradition des Kirchenjahrs macht jedes Jahr einen Gang durch die Basics des Glaubens und bietet ständig neue Möglichkeiten, sie zu vertiefen. Dieses Buch möchte die Schätze aufdecken und dazu einladen, sie für das eigene Leben zu heben. Dabei kommen sowohl Kirchenjahr-Neulinge als auch Liturgieprofis auf ihre Kosten. Die kurzen Texte für jeden Sonn- und Feiertag des evangelischen Kirchenjahrs helfen dabei, einen größeren Überblick zu gewinnen und tiefer zu schürfen, inhaltliche Zusammenhänge zu entdecken und gewachsenen Strukturen zu verstehen. Sie können für die eigene Andacht, als Predigtvorbereitung oder als fertige Leseandacht in Gruppen zum Einsatz kommen.
Vor allem aber laden sie ein, Gott in den Festen und im Alltag des Kirchenjahrs neu zu begegnen.